# 心眼

## あなたは
## 見ているようで
## 見ていない

クリスチャン・マスビアウ 著
斎藤栄一郎 訳

LOOK
How to pay attention
in a distracted world
CHRISTIAN MADSBJERG

プレジデント社

# LOOK

HOW TO PAY ATTENTION IN A DISTRACTED WORLD

by Christian Madsbjerg


Japanese translation published by arrangement with
Christian Madsbjerg c/o The Zoe Pagnamenta Agency,
LLC through The English Agency (Japan) Ltd.

私たちの判断、概念、反応を決めるものは、
今何をしているかという個々の行為ではなく、
人間のありとあらゆる行為が詰まった無秩序な喧騒全体である。
すなわち、何らかの行為を目にする際の背景である。

――ルートヴィヒ・ウィトゲンシュタイン

目次

ミニマリズムの芸術家ドナルド・ジャッド
表現媒体としての絵画の限界
徹底した計算に基づいて設計された作品
芸術の聖地となったマーファ
メルロ＝ポンティ哲学に影響を受けた作品
私たちの知覚の中に現実が存在する

## 「注意する」とはどういうことか

環境照明なしに注意というスポットライトは存在しない
注意することがもつ究極的な力とは
知覚した速度よりも背景のほうが重要
クレー射撃には高度に熟練した知覚が求められる
人間の世界をもっと豊かにもっと深く観察する方法

## 準備編の参考資料

## 世界の見方を巡る6つのよくある誤解 …… 132

誤解その1：私たちが見聞きしているのは、生のデータである
誤解その2：科学ですべてを説明することができる
　ＡＩ技術には難しい領域が存在する
誤解その3：カメラのように見る

# はじめに

# 何よりも難しいのは、本当にそこにあるものを見ることである

## 1. 記者が見落とした大きなネタ

ある記者が学生のデモ活動を取材するためにイタリアの小さな町を訪れた。怒りに満ちた若者たちの暴動を描写しようと、記者は律儀にメモを取る。

「労働市場の逼迫感が強まる中、なぜ市当局は、大学補助金の予算を削減するのか」

記者は、町の中心にある広場でピケラインに沿って野営する何十人もの若者の声を聞こうと、丸1日かけてインタビューして回った。そこから見えてきたのは、賃金カットや大学の

学生募集枠の減少に苦しめられて絶望感を強める若者文化だった。

だが、抗議活動に気を取られたせいか、この記者は、広場を取り巻くように佇む人々を見逃していた。暗闇の中、何百人もの年配の男女が黙ってじっと立っていたのだ。この年配世代は、かつて土にまみれて働き、工場や農場で求められる技能を身につけてきた人々だ。今は傍観者となり、社会から忘れ去られ、無用の存在となり、その意見や心配は若者たちから何の価値もないかのように見られている。記者は、大声を上げているデモ隊を取材することに頭がいっぱいで、無言で立っている人々の存在に気づかなかったのである。最終的に、町の一角で学生デモが行われたという短い原稿を編集部に送ったのだが、ファシズムの流れを汲む極右勢力がイタリア全体で台頭しているというはるかに大きなネタを見落としていたのだ。

## 2. 家電メーカーが見落とした映像の視聴に対する実態

多国籍に展開する家電メーカーのある役員は、自分が担当するテレビ部門を業界トップに育て上げた。10年以上にわたって大画面、高解像度のテレビ開発に全力を注いできた。配下の何百人ものエンジニアとともに、発光効率や広色域、高画質化の領域でめざましい技術革新を追求した。彼が率いる部門は、何千件もの特許を申請し、画面の技術に関して業界最高峰と位置付けられるまでになっていた。役員は、画面の高画質化に全神経を集中させていた一方、自分の周りでテレビ視聴の世界が変わりつつある事実を見落としていた。世間は、優れた解像度のテレビを求めるどころか、ノートPCやスマートフォンでお気に入りの番組を楽しむことに時間をかけていたのだ。同社は、社運をかけて画面の高機能化に邁進してきたが、映像の視聴に対する人々の捉え方が変わりつつある現実を完全に見落としていたのである。人々が求めたのは、最高画質の画面ではなく、ポケットに入り、いつでもネットにつながる画面だったのだ。なぜこの役員は、目の前にある現実を見逃してしまったのか。

## 3. 現場で見落とされた「ソーシャル」であることの価値

社会福祉事業を専門とするある大学教授は、市立ソーシャルワーカー養成系大学で研究プログラムを担当し、高い評価を得ていた。ある日、ソーシャルワーカーとして働く教え子たちの働きぶりを見ようと現場に出向いてみると、相談者への対応がよそよそしく、せわしない。書類に記入するために矢継ぎ早に質問を投げかけ、相談者の顔もまともに見ていない。下手をすると目も合わせない状況だ。教授は、くだんのソーシャルワーカーたちには指導が必要と考え、相談の冒頭に数分間でいいから、相談者と打ち解け合う時間を取るよう助言した。また、相談者と視線を合わせるようアドバイスした。今日は一日どう過ごしたのか尋ね、心のこもった言葉を交わすように諭《さと》した。このようなちょっとしたやり取りでも、相談者とソーシャルワーカーの信頼関係は深まるという確かなデータも示した。

もっとも、ソーシャルワーカーたちは簡単には納得できずにいた。聞けば、現場の上司からは、週に決められた件数の相談をこなし、相談事項や問題点に適切に対処するよう期待されていたという。相談者との面会では、書類に記入する情報の聞き取りに集中しなければならず、無意味な世間話にうつつを抜かしているような立場ではないという。

それを聞いた教授は、彼らの言い訳を認めず、とにかくやり方を改めるよう諭そうとするが、ソーシャルワーカーたちは相変わらず懐疑的だ。そんなことをやっていて仕事が終わらなかったらどうしようと、不安で仕方ないのだ。そこで教授はふと思った。ソーシャルワーカーなど社会福祉の仕事は、文字どおり「ソーシャル」であること、つまりは人付き合いそのものに価値がある。そのことを教え子たちに納得させられなかったのは、指導者たる自分の失敗だったと痛感する。

## すべては「見ること」から始まる

ここに紹介したエピソードから、人間そのものの世界に注意を払うことがいかに大切かわかるはずだ。3つのエピソードは、十分にスキルを持った専門家が登場するが、それぞれ自分が関わっているはずの文脈の一番大事な部分を見落としている。その結果、行き詰まり、理由もわからぬまま暗礁に乗り上げる。懸命に努力しても、何ら意味のある変化を生み出せない。エピソードに登場した主役たちは、本当に大事なことは何なのかを見極める術《すべ》を持っていなかったのである。

自分を取り巻く世の中はどういう状況なのか、どういう社会的文脈なのか。これを理解することこそ、有意義な気づきに至る最も重要な道であることを読者の皆さんにぜひ知っていただきたい。目の前で起こっている「前景」だけでなく、その背後にある「背景」も観察する術を身につければ、自分自身にとって、そして他の人々にとって本当に大切なことは何かということを見抜けるようになる。

ところで、「背景」とは何だろうか。どう定義すればいいのか。哲学者や思想家は、100年以上も前からこの問いに答えを出そうと挑んできたわけだが、一番いい答えは、さまざまな行動や実践、考え方、慣習が吸収されている場、それが背景である。この考え方を探求した哲学者の一人がルートヴィヒ・ウィトゲンシュタインである。「私たちの判断、概念、反応を決めるものは、今何をしているかという個々の行為ではなく、人間のありとあらゆる行為が詰まった無秩序な喧騒全体である。すなわち、何らかの行為を目にする際の背景である」とウィトゲンシュタインは説いている。

背景、つまり「喧騒」を見るとはどういうことか。それは、自分の身を置く世界について、どう意味付けができるのかを理解することにほかならない。私たちの日々の行為や決断の指針となるのは、背景に蓄積されている行動のパターンや構造であるが、そこにどっぷりと浸かっている人々にとっては、あまりに当たり前のこと過ぎて、気に留めたことさえないだろう。もし魚が哲学者だったら、この背景である喧騒を「水」と表現するのではないか。

だが、私たちは魚とは違う。誰でも、この喧騒に意識を振り向け、分析的に観察する術を身につけることができるのだ。これは「ハイパーリフレクション」（誰かが観察している様子を観察すること）と呼ばれ、「メタスキル」（スキルを迅速に身につけたり、上手に使いこなしたりするスキル）の一つだ。本書では、この仕組みについて解説したい。このように厳格な観察の実践を重ねることで、日常生活の経験が大きく変わる。巨大都市やメタバースを設計する場合でも、有権者の声を聞いたり同業者と取引をしたりする場合でも、気候変動問題に対処する場合でも、あるいはもっと身近な子供の勉強を手伝う場合でも、その背景、つまり人間の行為が詰まった喧騒全体に目を向けて理解する術をしっかり身につければ、もっと成果は上がるようになる。この手の直接観察では、私たちの経験を覆い隠すようなモデルや理論、その他の抽象的な階層が入り込む余地はない。だから、私たち人間がどう行動し、なぜそうするのかについて、最も正確に理解できるのだ。

残念ながら、ほとんどの人々は、背景がそこに存在することを正面から認めようとさえしない。これは不幸な話だ。背景の存在に気づけば、物事を理解する秘密の力が手に入るのだから。前景があって背景があるという。奥行きのある豊かな現実があぶり出されれば、今、最も大切なことに注意を向け始めることができるようになる。本書では、この能力を育み、大小問わず課題の解決に役立てる方法を伝授したい。

すべては「見ること」から始まる。頭で考えるのではなく、その目で見るのだ。

# 見る作法

## 優れた観察力を持つ者に共通する特徴とは

私は社会に出てからというもの、見ることと聞くことに大半の時間を費やしている。20年以上前にReDアソシエーツという会社を仲間と立ち上げた。人類学、社会学、哲学などの社会科学系の領域で腕を磨いた研究者グループ、そして、高度なスキルを持つ観察者が必要な企業に対して、そのような研究者グループを送り込む橋渡し役を担いたいという思いがあったからだ。実際、世界屈指の有力企業であっても、そのリーダーが客や取引先の人々について、まるで理解できていない状態にある場合も少なくない。真の観察作法を理解していなければ、とも綱を解かれた船のように風や波に流されてしまい、定量分析による抽象的な概念や集団思考の危険性に依存しがちになる。私の役割は、こういった人々に人間ならではの解釈力を取り戻してもらうことにある。集中力と配慮を忘れずに、他者に目を向け、耳を傾ける作法を改めて身につけてもらうのだ。

このスキルをうまく活用すれば、焦点からズレないように戦略全体を即座に調整できるし、芸術、科学、ビジネスといった文脈の中で新たな可能性を生み出すこともできる。あるいは、チームのメンバー全員を触発し、まったく違う現実がもたらす可能性に目を向けさせることも可能だ。観察をしていると、おもしろくて吹き出すかもしれないし、泣き出すかもしれない。人生を変えようと決意することさえある。いずれにせよ、気づきや洞察に満ちた観察を経験すると、間違いなく「まったくもってそのとおり」と納得する。この真実は、自然科学の世界で生まれた普遍的な法則とは違う。そもそも人間というものは、原子や小惑星と違って、突発的な変化を見せる奇妙な生き物だ。だからこそ、ある出来事を私たちがどのように経験するのか、実に奥深いことを教えてくれるのだ。何が真実なのかを明らかにすると、物や人の構造に光が当たるようになる。

私自身、長年にわたって観察スキルを駆使して仕事に当たってきたが、ある疑問がいつも頭の片隅にあった。「このような直接的な観察力は人に伝授できるのか」という疑問だ。1000人以上のスタッフを採用してきた経験から言えば、優れた観察力を持つ者には共通する特徴がある。とりわけ優秀な観察者は、何ごとも注意深くじっくり考え、結論を急ぐことがまずない。また、やることなすことときちんとしていて、持論を振り回さず、目の前の現実を見て動いている。優秀な観察者には、優しさもあるが、同時に厳しく自制された面もある。

こうした点を考え合わせると、鋭い観察力の獲得をめざす人々が実践を重ねながら上達するように私が手を貸すことができるのではないか。そうであれば、その実践とは具体的に何をすればいいのか。どうすればハイパーリフレクションは伝授できるのか。

私の友人に、サイモン・クリッチリーという世界的に著名な哲学者がいる。ニュースクール大学教授で、同大学長のティム・マーシャルと共同で『ニューヨークタイムズ』の名物哲学フォーラム「ストーン」の編集者も務めている。2015年にそのクリッチリーから連絡があり、今挙げたような課題について、共同で講義をしないかと打診されたのだ。私たちは、講義名を決める際、独創性を込めて「人間の観察力」と命名した。

この講義の参考資料や演習を検討しているうちに、私自身が抱える疑問への答えを試してみる絶好のチャンスだと気づいた。観察の実践を伝授できるのであれば、その根幹を支えるのはどのようなスキルなのか。どのような演習が必要なのか。観察は、世界を理解し、そこから意味を導き出す手だてを深く探究する一つの筋道に過ぎない。だとすれば、とことん深いレベルで観察という行為を評価する際に不可欠な筋道はほかにもあるのか。

講義内容を検討していた段階では、少数の哲学専攻学生がセミナーテーブルを囲んで聴講するような感じになることを想像していた。ところが、いざ前期が開講すると、「人間の観察力」のクラスは数百人の学生が申し込む募集定員超過となり、大学院生、学部生を問わず講義登録の申し込みが殺到していた。学生は、社会科学系や人文科学系の各分野はもちろん、一般教養、経営、舞台芸術、デザインなど、学内のあらゆるところから集まっていた。

学生の熱意はうれしい限りだが、同時に驚きを隠せなかった。通常、新しい講義ができたときには、これほどの反響はないものだ。だが、講義を始めてみて、注意の払い方や話の聞き方、観察法を学ぶことに学生がここまで熱心になる理由が判明した。私は長年、コンサルティング業務を手がける中で、方向感覚を失った経営幹部を目の当たりにしてきたが、学生たちもまさしくこの方向感覚の欠如に陥っていたのだ。ここにも、世界の見方を学びたいという飢餓感があったのである。こうした学生たちとの付き合いが深まるにつれて、同じような経験が今の文化全体に充満していることを痛感した。ほぼすべての人々が、直接観察の実践とは無縁だと感じていたのだ。それはなぜか。

## 先達が残してくれた背景の観察・分析に役立つテクニックやツール

本書では、この疑問にも答えたい。ほとんどの人々は、見当違いの視点に立ち、見るべきものに目を向けず、間違ったものを見ようとしているのだ。先ほどの「前景」と「背景」の話で言えば、私たちの注意は、前景で繰り広げられていることに向かう。その前景とは、その場で一番声の大きな人だったり、最大の下落幅を記録した投資商品だったりする。あるいは最大のユーザー数を持つ技術トレンドということもある。このように注意力が前景に引っ張られると、疲労と困惑を覚えるようになる。そこをどれほど凝視しても、現実の理解にはさっぱりたどり着けないからだ。

しかし、背景を見て、分析することに注意力を振り向ければ、まるでスイッチが入ったかのように、深い気づきが得られるようになる。この背景、言い換えれば無秩序で混沌とした喧騒からは、「誰がどこで何を言った」という具体的なことはわからない。それは現実の前景に任せよう。だが、このような背景は、人々がどのように行動し、なぜそうなったのかを、余すところなく伝えてくれる。背景とは、組み上げられた目に見えない足場のようなもので、私たちの行為や行動を導いてくれるものだ。もっとも、この背景が存在することさえ知らない人がほとんどであり、その背景を分析的に観察する術をわざわざ身につけようと思う人は、まずいない。世の中を見ようとしているのに、何だか気が散って成果が上がらないと感じる人が多いのは、まさにこれが理由である。窓の外に広がる景色を見ようとしているのに、ほとんどの人は汚れた窓ガラス自体を凝視しているのだ。それでは、何もひらめかないのも無理はない。

そんな私たちに朗報がある。実は、聡明な哲学者や人類学者、芸術家といった面々のおかげで、私たちのためにすでに道が切り開かれているのだ。こうした先達が背景の観察・分析に役立つテクニックやツールを残してくれているのである。ただし、彼らの残してくれた言葉は、大部分が難解で読みにくい。そこで私がそれらを読み解き、ハイパーリフレクションというわかりやすいやり方で説明する。目を引くきらきらと輝くものが次から次へと現れても、そこに目を奪われてはいけない。その裏側に潜む社会構造に注意を向けるのだ。そうすれば、そのきらきらと輝くものが何を意味し、なぜそこにあり、どこへ向かおうとしているのか、この社会構造が教えてくれるのである。

さて、数年前に最初の講義があり、その後、何度か教壇に立つうちに、学生たちはこのやり方で大きな変化を感じ取るようになった。私たちの取り組みの結果、年齢や職業などを問わず、誰でもこの観察術を身につけ、向上できることが明らかになった。実際、私だけでなく、芸術家や作家、思想家など、この観察スキルを身につけた人々にとって、特に大きなひらめきの源泉となっている考え方がある。この考え方にしっかり向き合えば、自分を取り巻く世界をもっと的確に見られるようになる。現実をあるがままに見る術は、人生を変えるスキルでもある。本書は、その方法を身につけていただくための招待状である。

## 観察することとは、どういうことか

スキルとしての観察は、簡単そうに聞こえるが、間違って理解している人がほとんどである。前景での事象を観察することに全力を注ぐばかりで、背景の見方を分析的に理解しようとしない。本書の前半に当たる準備編では、ハイパーリフレクションのようなメタスキルを養うため、哲学的な基礎を解説する。私の言いたいことを理解しやすいように、具体的なストーリーも必要に応じて盛り込んである。また、私が最も触発された哲学について、私自身による解釈も紹介する。だが、どの例も、読者がハイパーリフレクションの実践に役立つと思われるものに限定している。哲学者のための哲学を書くつもりはない。日常生活の中で哲学を活用する方法を紹介したいからだ。

読者に哲学的な刺激を与えるだけでなく、私自身の世界の見方が変わるきっかけとなった「模範的な観察」も紹介する。これは、講義の根底をなす文献である。私はこうした文献に大いに助けられたし、長年にわたって私の仕事仲間も助けられている。そして今、私が指導している何百人もの学生の糧《かて》にもなっているのだ。読者にとっても、新たな考え方への道を開くものであると確信している。

本書の後半の実践編では、実践で指針となるような取っかかりや刺激、触発の意味も込めてわかりやすく解説している。こうした例の中には意外なものもあるが、いずれも優れた観察のスキルがどのように効果を発揮するのか、よくわかるはずだ。

本書の中で私たちが常に立ち返る基本原則が３つあり、後で詳しく説明するが、いずれも現象学と呼ばれる哲学的アプローチから導いたものである。ちなみに現象学とは、対象となる世界をどう経験するのかに関する研究である。

## 経験をどのように研究すればいいか

現象学は、「現象の科学」であり、おそらくは20世紀で最も重要な哲学的流儀と言える。人間による「物事」の経験は、いかなるフィルターをも介することなく直接に記述可能であり、この記述から人間とはどういうものなのかを探ることができるという考えが現象学の根底にある。私たちが見ようとしているのは、ある瞬間に特定の個人が何を感じているかではない。私たちが、対象となる世界をどのように経験するかという、全体的な構造なのである。私たちが行動するとき、いったい何に基づいて、そのように行動しているのだろうか。現象学という哲学的流儀の創始者らによれば、人間は、自分を取り巻く生活のありようについて、抽象的、分析的に考えることはめったにない。世界の仕組みはとにかくよく理解しているのだが、世界の仕組みについて思考を巡らすことはめったにない。現象学は、人間の世界の仕組みと、私たちの人生に意味を与えるものすべてに関する研究なのである。

現象学は、都市生活の経験や、母親であることの感覚も解き明かしてくれる。米国の国旗を見て、郷愁の念や信頼を覚えるか、それとも軽蔑や怒りを覚えるかということもわかる。現象学をツールと考えれば、トラックのような物に対する私たちの経験を記述することも可能だ。どのようなトラックでも、重量、色、形状がある。トラックには、走行可能な速度や積載量に物理的な限界があり、私たちはそれを具体的に測定できる。しかし、こういったデータポイント（計測・調査で得られた情報）について考えることはできても、トラックが私たちの生活やコミュニティで果たす役割については、データポイントは何も語ってくれない。このようなデータは、特にトラックの運転という実際の行為を記述するのに向いていない。ドライバーは、運転について分析的に考えることなく、運転に直接従事する。この「思考」ではなく「行動」の世界に完全に没入することこそが、現象学の基本的な考え方である。経験は、思考とは関係がほとんどなく、その世界に能動的に関与することがすべてと言っても過言ではない。

そんなものは非科学的だと思われるかもしれないが、物事が私たちにどのような意味を持つのかや、生活の中でさまざまな装置をどう使うのかといった点を探るうえでは、非常によくまとまった方法なのである。例えば、宝石店でダイヤの指輪を店員に差し出せば、何カラットのダイヤか査定してくれるはずだ。そのカラット数から、私たちは、ダイヤの科学的組成についての情報が得られるが、カラット数を巡る自分の経験に光を当ててくれるのは、現象学しかない。この光り輝く石は、私たちの生活の中でどのような役割を担うのか。この石は私たちに安心感をもたらすか。かえって気が重くなるか。赤面するか。愛情を感じるか。実際に指にはめることは何を意味するのか。指輪をして、あちこち歩き回る気分はどうか。そして、そのような経験の根底には何があるのか。

私たちが興味を抱くものというのは、自分にとって特になじみのあるものである。あまりになじんでいるからこそ、それが思考の対象になることなしに、私たちの行動を導くのである。それが当たり前で何も違和感を抱かないものだが、実際にそういうものを改まって目の当たりにすると、かなり奇妙に感じることも多い。私が「背景」という言葉を使うときは、よく知っている世界で誰もが親しみを持っているさまを指している。背景があまりに見慣れたものであるため、私たちは背景を見ることをしない。だが、観察者としては、人々になじみのあるものを分析し、それがなぜどのように作用するのかを明らかにしなければならない。

## 自分にとってどれが、いつ、最も重要になるかをあぶり出してくれる

現象学における別の例を挙げてみよう。1時間は常に60分であり、午前11時は、毎日同じタイミングでやってくる（厳密には、ずれがあるが）。だが、1分が1時間のように感じられることもあるし、午前11時の会議が一日の始まりのように感じることもある。時計が示す時間ではなく、経験としての時間で見ると、1分間はどのくらいの長さなのか。1分が経過するごとの時間の経過を抽象的に計測したところで、私たちがその時間をどう経験しているのかは何も見えてこない。ある特定の文脈の中で、特定の1分間を過ごすことというのは、どのような感じだろうか。午前11時の会議はどのような経験だろうか。

こうした話はどれも明らかに非科学的と感じるかもしれないが、そもそも、科学というのは、世界のどこかで、ある人物による物事の経験のありようにより導き出されるのではなかったか。ちょっと別の角度から考えてみよう。現象学は、例えば、自動車とか宝石とかレストランといったものの本質を明らかにするというわけではないが、対象物に対して私たちが共通して持っている関係性とはどのようなものなのか、その本質を引き出すことができる。何もかもが私たちにとって常に重要というわけではない。私たちは、生活の中にある物事に対して何らかの関わりをもつものの、現象学は、こうした物事のうち、自分にとってどれが、

いつ、最も重要になるのかをあぶり出してくれる。

お金という概念を例に考えてみよう。といっても、紙幣はセルロース繊維上にインクで印刷されたものといったふうに、物質の世界で考えるのではない。人間の世界でそれを考察するのである。お金は、価値を表す「共通言語」である。お金を持つのであれば、少ないよりは多いほうがいいと思う人がほとんどだろう。多くの人は、お金に不安感を抱いている。お金に刺激を感じる人もいれば、おおっぴらにお金の話をすることを忌み嫌う文化もあるし、お金の存在自体を認めない文化さえある。

銀行が顧客向けの口座を設計する場合、通常であれば富裕層ほど利用しやすい設計にするはずだ。銀行業界では、上得意客ほど自分の口座の動きを完全に把握しておきたいというニーズがあるとされているからだ。だが、お金の扱いについて富裕層が経験している内容、平たく言えば富裕層の資金の出し入れをつぶさに見れば、銀行側の見立ては、口座設計に最適とは言えないことがわかる。そもそも、富裕層の大部分は、口座の状況を毎日確認する必要がない。富裕層にしてみれば、資金が安全かどうかの確証さえ得られればいいのであって、銀行員のように1円単位まで数えることには何の興味もない。そう考えると、銀行は、自分たちの価値観を顧客に押し付けることに終始していて、本来なら顧客ともっと意味のある関係が築けるのにもかかわらず、その機会を逃していることになる。

## 自分の観察で明らかになることをじっくり見る

現象学のモットーは、「その物自体に」迫ることである。基本は、その物自体の研究である。物というのは、文学作品でも死でも家族でも車でもワクチンでも病院でも何でもいい。先入観や流行りに乗っかった安易な答え、独断的な主張をすべて排除し、その物自体を研究するのだ。そうやって初めて、気づきにつながるような観察が始まるのである。

最近、家の購入、退職、結婚などを経験した人は、その決意の瞬間を思い出してみるといい。その決断に至るまでに、自分を納得させるための考えなり、ストーリーなりがあっただろう。だが、そのような思いは捨て去り、嘘偽《うそいつわ》りのない本当の経験を検証していただきたい。「何をどうすればいいのかさっぱりわからない」という経験から「決断を下す」という経験までに、どのような変遷があったのだろうか。例えば、今年度の予算をどのように決めたのだろうか。いつの時点で、本気で交際を始めようと決めたのか。いつの時点で子供を持とうと決断したのだろうか。引っ越しや転職をどのように決断したのだろうか。

察するに、こうした決断の大部分は、理詰めで下されたわけではなく、無意識に下されたのではないだろうか。そこで、改めてその経験をもう少し厳格に観察し、記述してみよう。どこに基準を置けばいいのか。経験を研究する際の起点となるのは、直接的な一人称の経験である。だからといって独りよがりの自己反省ではない。主観的な経験は入り口に過ぎない。ここを入り口に、全体像の中に発生している何らかのパターンをどうすればあぶり出せるのかを考えるのである。現象学は、並外れたものや異常なものに着目するのではなく、私たち全員（もしくはほとんど）に共通する通常のありふれたものに着目する。とはいえ、たくさんの人にアンケートを取るわけでも、調査の標本サイズを最大化するわけでもない。みんなに共通するふつうの人間の経験を一つひとつ収集して吟味することにより、私たちに共通する行動パターンをはっきりと理解するのである。このように経験の研究とは、自分と自分の主観的現実だけを見るわけでもないし、「客観的現実」である科学の世界の出来事だけを見るわけでもない。この両者のはざまで、優れた観察は理論面でも実践面でも威力を発揮するのである。その両者のはざまを「間《かん》主観性」と呼び、私たちと他者の世界の間で起こるものを指す。そこは私たち共有の世界であり、関係性の場である。優れた観察によって、私たちがそこにどのように関係しているのかが明らかになる。卓越した観察者は「何が起こっているのか」を問わない。「私たちがそれをどのように経験しているのか」を問うのだ。

主に統計やトレンドデータ、集計データなど抽象的な枠組みで世界を理解しがちな人であれば、経験の研究は、自分のものの見方を刷新するいい機会になる。私は統計が好きだし、科学技術のブレークスルーにはわくわくする。だが、こうした枠組みよりも、地に足のついた起点が必要だ。数字や想定した仮説を手がかりに探求を始めるのではなく、直接観察から始めなければならない。受け売りの知識や仮定を捨て去り、私たちが共有する世界にある豊かな現実について、自分の観察によって何が明らかになるのかをじっくり見極めるのである。

## 大切なのは「何を考えているか」ではなく「どのように考えているか」だ

観察者の仕事は、他者が考えている内容に注意を払うことではない。なぜか。周囲で交わされている会話の大部分についてよくよく考えてみると、人は常に本心を口に出しているわけではないことがわかる。優れた観察者は、人々が話す内容に注意は払うが、そこに重点は置かない。観察者の役割は、相手の言葉や行為にとどまらず、なぜそのような言葉や行為に至ったのかを的確に理解することにあるからだ。人々がどのように考えるのか。人々は何が真実だと思っているのか。理解を深めるための扉を開く鍵はどこにあるのか。なぜ私たちはこのような行動を取るのか。私たちが理解すべきことは、こういう全体像なのである。

私が10代後半の大部分を過ごしたデンマークのコペンハーゲンと現在暮らしているニュー

ヨークシティの文化とで子育ての違いを考えてみよう。子育て事情について理解を深めたいときに、保育園の利用率やデンマークの1世帯当たりの平均児童数などの「WHAT」（何か）ばかりにとらわれていては大切なものを見失いかねない。コペンハーゲンに暮らすデンマーク人に子育ての経験を細かいところまで意識しながら説明してもらうわけにもいかない。それぞれに子育ての考え方があり、新鮮な卵を食べさせたほうが頭の良い子に育つとか、早足で歩かせると風邪をひかないなど、おもしろそうな細かい話をいろいろと語ってくれるだろうが、その多くは、彼らの実際の行動とはまるで違っていることも多いからだ。

この手の断片的な情報に注意を払っても、コペンハーゲンの子育て経験の全体像を正確に捉えることはできない。こういった細かい話は、パンくずのようなものだ。優れた観察者は、パンそのものを探していることを自覚していて、そのパンがどう作られたかを示すレシピを求めている。注意深い観察者であれば、「WHAT」ではなく「HOW」を探すはずだ。つまり、デンマーク人が「どのように」考えているのかという、考え方を聞き出そうとするのである。デンマーク人の子育てに関して、「HOW」に相当する全体像とは、「（子供を）外界に露出させる」という考え方である。デンマークの子供たちは、絶えず自然にさらされている。冬も夏もほぼ毎日外出する。子供同士のけんかにもさらされる。ときには激しいものもある。だが、そこに大人が介入することはない。いじめ防止運動も、ピーナッツアレルギーへの懸念も、合意形成のための話し合いもほとんどないし、スポーツ大会などに参加しただけではめるなどという発想もない。

実はデンマークの子供たちは、あらゆる意見や言葉にあえてさらされる。それが、支援のセーフティネットの整った国での生き方だからだ。コペンハーゲンの場合、親は子供たちを世の中という外界にできるだけ露出させようとする。これが彼らの「HOW」、どのように考えるかを示している。

一方、今、私が子育てをしているニューヨークシティでは、「保護」という考え方になる。子供たちをばい菌やいじめから守り、自分や他者に対して「暴力的」とみなされる有害な意見や言葉からも守る。こういう世界での子育ては、幼少期は本質的に無垢《むく》であり、安全のために絶えず大人が介入することが最善の管理になるとの考えがある。

両方の考え方の違いについて理解を深めるため、食べ物にたとえてみよう。欧州のほとんどの文化では、食品は生き物であり、腐敗でさえチーズなどの発酵食品のように好ましいものもあると考える傾向がある。一方、米国の食文化の主流は、こうした自然な腐敗よりも、清潔、安全、長期保存を優先し、低温殺菌で食品を保護しようとする。私が子供時代を送ったコペンハーゲンでは、大人があまり関わらず、子供だけで放っておかれるが、ニューヨークでは大人の保護下で、さまざまな軋轢から遠ざけられて育つ。

このような全体像は、観察者に即座に見えてくるわけではない。鮮明な画像が瞬時に現れるインスタントカメラとは違って、優れた観察者でも全体像を見抜くまでには、粘り強さと厳格な分析が必要になる。その際、最も優秀な観察者であっても、「WHAT」、つまり人々が口にした事柄についつい気を取られそうになる。ここが現象学でつまずくポイントだ。常に現象（今回の例で言えば「子育て」）に立ち返り、行動と、それを支える言外の信念・考え方を見つけなければならない。観察を開始すると、すぐに「WHAT」が耳に飛び込んでくる。そこに気を取られてはいけない。入り口の扉を開ける鍵の登場を待つのである。「この世界はどういうふうに機能しているのか」を見つける扉である。その扉が開けば、別の現実が私たちの前に姿を現す。

## 観察することは、意見ではない

私が指導している学生たちは、まず意見があって、批評的な分析はその後と叩き込まれて育てられてきた。そこで私は、意見を言いたい衝動をいったんこらえるよう指導している。意見を言うべき時と場があるのは確かだが、観察過程の最も初期の段階ではない。何かに注意を向け、見守り、観察すべきであって、結論は不要だ。

記述に始まり、記述に終わる。意見は不要だ。優れた観察の核心は、感情を高揚させることでも、説得しようとすることでもない。もちろん相手を中傷することもあってはならない。最良の観察というものは、道徳性には関心がなく、対象者への共感や反感とは切り離した記述に専念している。相手が考えていることや自分が考えていることは、重要ではないのである。肩の荷が下りたのではないか。

私たちの日常生活は、決断の連続である。夕食は何を作るか。子供たちに一日何時間までならコンピュータを使わせていいか。近所に建築中の新しい住宅についてどう思うか。こんな調子で決断ばかりが続く。だが、意見ではなく観察がゴールなのだから、「決断しないこと」に徹する必要がある。これは何とも落ち着かないものである。何らかの決断を伴うような政治的枠組みを一切持たずに世の中を直接観察していると、学生の多くが不安を感じ出す。中には、うんざりだと訴える学生もいる。私たちは、目に入るものについて、何らかの確信をしたい思いに駆られるが、実はこの確信を持つことで、真実を嗅ぎ分ける能力が損なわれる。決断や決めつけをしないと意識して取りかかれば、あるいは、自分の思い込みを直接否定して自身の間違いを証明すれば、自らの知覚が働き出すのを実感できるはずだ。

この静けさに慣れてくると、判断保留という行為が解放感をもたらすようになる。特に優秀な観察者は、意見を述べたり、仮説に飛びついたりせずに、どのような謎が明かされるのかを見極めようと、ひたすら待ち続け、見守り、記述するのである。

以下に挙げる3つの基本原則を指針に、一日を過ごし、目に見える身の回りのすべてのものに応用してみよう。

- **経験を対象にして観察する研究である。**
- **人々が何を考えているかではなく、どのように考えているかが重要だ。**
- **観察であって、意見ではない。**

**ただひたすら見守り、耳を傾ける**

手始めに、簡単な演習をやってみよう。

よく知っている場所か状況をきっちり1時間、注意して見てみよう。目に見えたものを詳細に書き留める。自分が知っていることでも、考えていることでも、意見を表明したいことでもない。実際に目に映ったもの、耳に飛び込む音、鼻を突くにおいなどを書き留めるのだ。

例えば、なじみがあるが、これまで厳格に直接観察したことのない近所のカフェはどうだろう。観察しながら、こんなことに思いを巡らせてみよう。「ちょっとお茶しようか」などと言うことがあるが、この「お茶する（お茶を飲む）」とはどういう意味があるのか。どのくらいの時間をかけているのか。店内で客は何をしているのか。待ち合わせや注文の仕方、くつろぎ方にパターンはあるのか。誰かと一緒に「お茶する」客は、いつもコーヒーを飲んでいるのか。「お茶する」と「一杯やる（酒を飲む）」の違いは何か（たくさんあるはずだが、見つけてみよう）。こうしたパターンに当てはまらない客や、パターンを突然停止する客は、いったい何が起こったのか。誰にとっても暗黙の了解となっているルールはあるか。人々は、その空間（カフェ、食堂など）にどのように入ってくるのか。列に並ぶ習慣にどういう意味があるのか。誰が支払うのか、どのくらいの音量で話すのか、誰と話すのか。こういった暗黙の了解を守らないと何が起こるのか。カフェは、ルールも習慣も、場合によっては道徳的規範さえもある複雑な場である。観察で大切なのは、目の前の状況から何かを推測したり、評価したりすることではない。実際に目の前で起こっている出来事をただひたすら記録するのである。目の前で繰り広げられている現実に注意を払うのであって、その現実に関する自分の考えや想定は無視するのだ。

今度は、もっとハードルを上げてみよう。自分自身の人生で、個人的に重要な世界を観察してみよう。あなたが仕事をしている業界には、ほとんどの業界関係者にとって当たり前のことだがきちんと定義されていない決まりごとがある。あなた自身もおそらくは承知しているはずだ。だが、あくまでも初耳のつもりで、関係者が実際に使っている言葉そのままをノートに書き出してみよう。

職場での会話には、専門用語や特殊な言い回しがたくさんある。こうした言葉は、理解するまでに時間がかかるし、その業界の関係者でなければ意味をなさないものだ。こういう言い回しや概念、さらには関係者が自分たちの世界を理解するために使っている重要な区別の仕方があればこれも書き留める。

自分の価値観や習慣に大いにこだわっている人が、わざわざ時間をつくってまで相手に合わせることがあるとしたら、それはどのようなことか。会議に出席する際、最初に目に入るのは誰か。最後は誰か。観察対象は業界での日常生活であり、なじみ深いものであるかもしれないが、あくまでもプロの観察者として向き合う必要がある。人々の「言っていること」に聞き入るのではなく、人々が時間や空間にどのように自分自身を合わせようとしているのかに注意を払おう。

こうした観察の基本要素を指針にすれば、自分の日常生活を覆い隠しているベールを取り去ることができる。定例の会議、毎日の出勤手続き、家庭での家族団欒なども、観察の対象になりうる。繰り返しになるが、判断・決断をせず、ただひたすら見守り、耳を傾けることを肝に銘じてほしい。

## 観察結果から気づきを得る

先に挙げた観察3原則は、観察の効果を深く探求する際のいわば足場になる。私が最終的に求めているのは、観察だけでなく、新たな気づきである。観察からは説明が得られるが、新たな気づきがあると、私たちは戸惑いを覚える。その感覚は誰でも身に覚えがあるはずだ。真実を前にしたときの不安でそわそわした感覚である。新たな気づきで、見るもの、聞くもの、知覚するものが変わる結果として、新しい世界が突如として現れるのだ。観察実践が十分に身についてくると、このような束の間に消えていく貴重な光景も捉えやすくなる。実際、観察のスキルを養っておかなければ、その貴重な光景を感じ取ることもできない。実践しなければ、どのように注意を向けるのかはわかりようもない。

では、次のステップは何か。観察を単に記述して終わりにせず、新たな気づきにまで高めるには、さらにハードルが上がる。

目をしっかり見開いてさえいれば、物事は「見える」と思っている人がほとんどだろう。だが、本当に優れた観察者に言わせれば、「見えること」と「見ること」という経験を、もっと厳格に考えなければならない。つまり、背景について、もっと正確に考える必要があるのだ。世の中を見渡すときに、例えば、リンゴだけが目に入るのでなく、リンゴの木が何本もあって、農家や収穫作業員がいるリンゴ園の世界が見えてくるのはなぜか。同様に、MRI検査装置だけを単独で見るのではなく、看護師や医師、技師がいて、白衣や手袋も含めた病院全体が見えてくるのはなぜか。私たちはこうした数えきれないほどの細かい部分の集合体が何を意味するのかがわかるし、瞬時に理解にたどり着く。気づきに満ちた観察がどこから生まれるのかを理解するには、観察それ自体の原点となるストーリーに立ち返る必要がある。第1に、そもそも注意とは何か、そして見えることと知覚することがどう機能するのかを理解する必要がある。とはいえ、視覚の科学的原理から始めようというわけではない。そもそも、優れた観察が実現できる方法や理由は、目の機能とはほとんど関係がないのだ。角膜とか水晶体とか桿体《かんたい》細胞（光を感知する細胞）や錐体《すいたい》細胞（色を認識する細胞）といった話ではない。そこで、人間の知覚の面で毎日実際に役に立っている不思議な力について、じっくり考えてみよう。

パート1

# 準備編

## 何かを見ている
## 自分自身を見るという練習

# 知覚の魔法

## 「経験を正確に記述できるか」

私は、ニューヨークシティの歴史地区であるグリニッジビレッジの中心に位置する13丁目に住んでいる。マンハッタンでは、おもしろいことはいつもストリートで起こるとあって、歩くことは必要でもあり、楽しみでもある。ちょっとしたお使いとか、地下鉄に乗るときとか、ハドソン川沿いの公園に向かうときなど、13丁目の通りを一日に数回歩く。そういう理由もあって、13丁目は私の生活とは切っても切れないほど慣れ親しんだ景色となっている。かれこれ10年近く同じ景色を目にしているのだ。だが、正確には、何を見てきたのだろうか。13丁目を見ることの意味は、どうすればわかるのだろうか。

何げない火曜日あたりに、人間の知覚が最も洗練された状態で通りを歩いてみれば、13丁目を歩くという経験がどういうものか手に取るようにわかるはずだ。

アパートを出て西に向かう。エントランスのドアを閉めて、通りに向かって歩き出す。前方に黒いぼんやりとした塊が私から遠ざかっていくのが見える。その塊は起伏のある布に覆われていて、不規則にねじれたり回転したりしながら動いている。塊が動きを止め、しばらく静止したままとなる。突然、その布の塊が複数に分かれ、人間の顔がいくつか見える。いくつかの顔が小さな白い画面を取り囲み、笑い声が起こる。ネタを明かせば、この観察をする前に、私に見えていたのは「ファッション系の学生の集団」であった。彼らはスタイリッシュなコクーンコートをおしゃれに羽織り、身を寄せ合って歩いていた。そしてスマートフォンの画面をみんなで見て盛り上がっていたというわけだ。私が住むブロックからすぐのところにあるパーソンズ美術大学の学生で、これから講義が始まるのだろう。私が講義を受け持つニュースクール大学傘下の学校でもある。

このファッショナブルな一団を追い越すと、私の背後から大きなものがけたたましい音を立てて近づいてくる。形やサイズ、構造など詳細を一つたりとも認識しなくても、それが配送トラックであることはわかる。停止したトラックの運転席から男が急いで飛び出し、歩道の縁石を軽やかに飛び越える。彼は箱をいくつか運んでいる。トラックの排ガスが辺りに吐き出される。このトラックは何色なのだろうか、土埃にまみれていて白かグレーかについてはわからない。

印刷関係者なら、色見本の番号でどの白か、どの茶色か、はたまたどのグレーかを厳密に指定したくなるかもしれないが、私の知覚にとって、そんなことはどうでもいい。私が見ているものは、「配送トラックらしい色」である。だからこそ、それが配送トラックだと知覚するのだ。この巨大な機械の色や材質を科学的に認識してそう思うのではなく、一連の「配送トラックらしいこと」をやっているという文脈の中で大きな図体の装置を目にして、配送トラックだと知覚するのである。私は、配送トラックが何をするもので、そこから飛び出した配達員が何をするのかも知っている。この知識があるからこそ、即座に配送トラックの世界を見るためのスイッチが入るのである。その世界をよく知っているので、思考や分析などをしなくても、そこで繰り広げられる活動のほとんどを予想することができる。

さて、それから数歩も歩かぬうちに、私は明るいオレンジ色のカラーコーン、ベスト姿の作業員、そして道路のところどころに並ぶ蛍光オレンジ色のストライプの柵に気づく。こうした細かい事柄を捉え、それぞれ独立した個別の要素として認識するのではなく、パッと見て工事現場であると理解する。周囲には、形状もサイズも異なるさまざまな装置があり、作業員があちらへ、こちらへと忙しそうに動き回り、路上の至るところに謎の印が描かれている。こうした一つひとつの情報は、それ単独では何の意味もなさない。実際、私自身、そういう装置を読者に説明することもできない。実際、装置に目をどれほど凝らしたところで、どういうものかわからなかった。私が見たものは、一般の人間が持つ「工事現場」の概念だったのである。

わずか数歩歩いた私の背後には、先ほどのカラーコーンのオレンジ色と、ヘルメット姿の作業員の男性たちがいる。私が向かっている街区の一端に向かって騒音を上げる車やキックボード、木立の中にいる歩行者の姿が見える。動く人影が車から飛び出して通りを渡る。たくさんの不規則な動きとポップな色彩が入り乱れる。子供たちが振り向きざまにさりげなく手を振る。路上からは地下鉄の蒸気が立ち上る。冬の朝に高温の蒸気が細く伸びると、さまざまな色の閃光がかき消される。

点と線が集まってできた塊は、複雑で無秩序な動きを見せ、矛盾する情報で満たされる。若者も高齢者もいる。熱狂的なエネルギーがあるかと思えば沈黙もある。すると、1台の車が到着し、虹色の服を着た子供たちが乗降口に走り寄り、中に消えていく。10代の少女2人の姿が配達トラックの向こう側に消え、やがて反対側から再び姿を現す。思うに、無人運転車のような装置から見れば、こういう行動はいずれも不可解に映るのだろう。このような人間の文脈を理解していなければ、現れたり消えたりする物体を予想することは極めて難しい。

だが人間の視点に立てば、こういう気まぐれな動きはこれ以上ないほどにわかりきったことなのだ。無秩序な駆け込み、行き交う車、近づいてきたかと思えば遠ざかるキックボード、トラックの後方で見えなくなる10代の少女たち。この混沌とした状況ではあるが、幼児でも明確に把握できる。お気づきだと思うが、これは「学校」での何げない日常である。

私たち人間には、どうしてこういう把握が可能になるのか。オレンジ色の三角形や四角形が見えるだけで終わらず、「工事現場」だと理解し、その世界を見ることができるのはなぜか。この議論は、何も今、13丁目で始まったわけではない。それどころか、1世紀以上も前のパリのカフェで始まっていた。日常の魅力が詰まった世の中を私たちはどのように経験しているのか。この課題を、フランスの哲学者らが最初に議論していたのである。その中の一人は、これまでとは違う厳密な観察により、経験を正確に記述できるのではないかと考えていた。まさに私が13丁目を歩きながら記述したような手法だ。私たちが「学校」や「建設現場」や「トラック」を理解するというのは、どういうことなのか。賑やかな通りを歩いていると、多種多様な個々の細かい事物に出くわすが、私たちはそのように捉えずに、意味のある世界と捉えるのはどういう仕組みによるものなのか。この疑問に答えが出れば、世界に対する人間の注意の払い方を巡る最大の謎が解明されるはずだ。くだんの哲学者は直観的にそう考えた。彼の名は、モーリス・メルロ＝ポンティだ。

## メルロ＝ポンティが投げかけた問い

1933年のある日、哲学者のジャン＝ポール・サルトル、シモーヌ・ド・ボーヴォワール、そしてこの2人の共通の友人で同僚でもあるレイモン・アロンの3人がパリのモンパルナス大通りのカフェに集まり、一杯やっていた。レイモン・アロンは、ドイツから移ってきたばかりで、それまでドイツで哲学者エトムント・フッサールの講義を受けていた。2人を前にアロンが説明を始めた。ドイツにフッサールという哲学者がいて、日常の暮らしの豊かさを哲学的言説で記述する方法を探し求めているという。フッサールの掲げる現象学という考え方は、物体や経験から知的言説の抽象概念を完全に取り除くものだ。フッサールは、もう一人の、おそらくは20世紀最大のドイツ人哲学者、マルティン・ハイデッガーとともに、学生に「物それ自体」に注意を向け直せと説いていた。

さらにアロンは、テーブルでアプリコットリキュールのグラスを手に、現象学はカクテルのように、どこにでもありそうな物を対象とする哲学だと語った。真実が何なのか、本当にわかるのかと永遠に問い続けるのではなく、この新しい哲学は、日常生活の中で私たちが現象をどのように経験するのかを記述することに主眼があるという。

その話を聞いたサルトルとボーヴォワールは、詳しい話を聞きたくて、いてもたってもいられなかったと伝えられている。[1] そしてある哲学運動に火がつく。モーリス・メルロ＝ポンティは、こうした作家や哲学者と交流を続けた。いずれも後に「実存主義者」と呼ばれた人々である。ボーヴォワール、サルトルなど多くの友人たちは、現象学を使って「自由であるとはどういうことか」とか「どうすれば自分らしく生きることができるのか」といった問題を探究した。一方、メルロ＝ポンティは、「人間の身体内部から世界を経験するとはどういうことか」という、はるかに独創的であり、ハッとするほどに明白な問題に迫った。

メルロ＝ポンティが最初にこの問いを提示したのが、著書『知覚の現象学』である。当時、ソルボンヌ大学の教授で、研究者のつてを生かし、哲学から児童の発達、さらには認知心理学まで、本来なら接点のないさまざまな分野を縦横無尽に渡り歩いた。

こうした影響を受けたことがきっかけで、メルロ＝ポンティは「人はどのように考えるのか」という何百年も議論されてきた問題に切り込むことになった。この世の中で生きていくことは知的な追求であるというのが、デカルト以降のそれまでの常識であった。デカルトによれば、私たちはそれぞれ独立して存在し、自分の心の内から世界を観察し、分析している。メルロ＝ポンティは、児童の発達や認知心理学に関心を持っていたこともあり、赤ちゃんや幼児が世界をどう知覚するのか、つぶさに観察しようと考えた。そこで赤ちゃんの行動を観察する際、真っ先に観察する対象に選んだのは、自分の娘だ。そこで見えてきたのは、赤ちゃんは、自分を取り巻く世界から自分を切り離すことも、距離を置くこともしていないという事実だった。むしろ赤ちゃんは、いわば自分を取り巻く世界に没入した状態で存在しているのであって、自分を世話してくれる人々から自分の身体が切り離されていると知覚することなどなかった。知的で意識的な思考（「われ思う、ゆえにわれあり」）で赤ちゃんの存在を正確に説明できるなどと言う人はいないだろう。であるのに、なぜ赤ちゃん以外であれば、そのような思考が当てはまると言えるのか。

## 知覚は知的なものではなく肉体化されている

メルロ＝ポンティは、「物それ自体」を直接記述することに立ち返る現象学というツールを使い、デカルト以降のすべての西洋哲学の一般的な感覚では、私たちの世界の知覚方法を間違って記述することになると主張した。私たちの身体は、世界から分離して存在するわけではなく、世界に巻き込まれている。赤ちゃんと同じように、自分を取り巻く社会的文脈に没入した関係で存在しているのだ。メルロ＝ポンティによれば、私たちは世界の中に身を置くと同時に世界の一部でもあるため、メンタルマップや純粋な教養的知識という考え方は誤りである。頭脳ではなく身体による最も基本的なレベルで世界を知覚するという革新的な前提は、何百年にも及ぶ哲学的な思想や伝統を覆すものだった。私たちが世界をどのように知覚するかを理解するうえで、彼の現象学は今もって最も正確な哲学的基礎とされている。

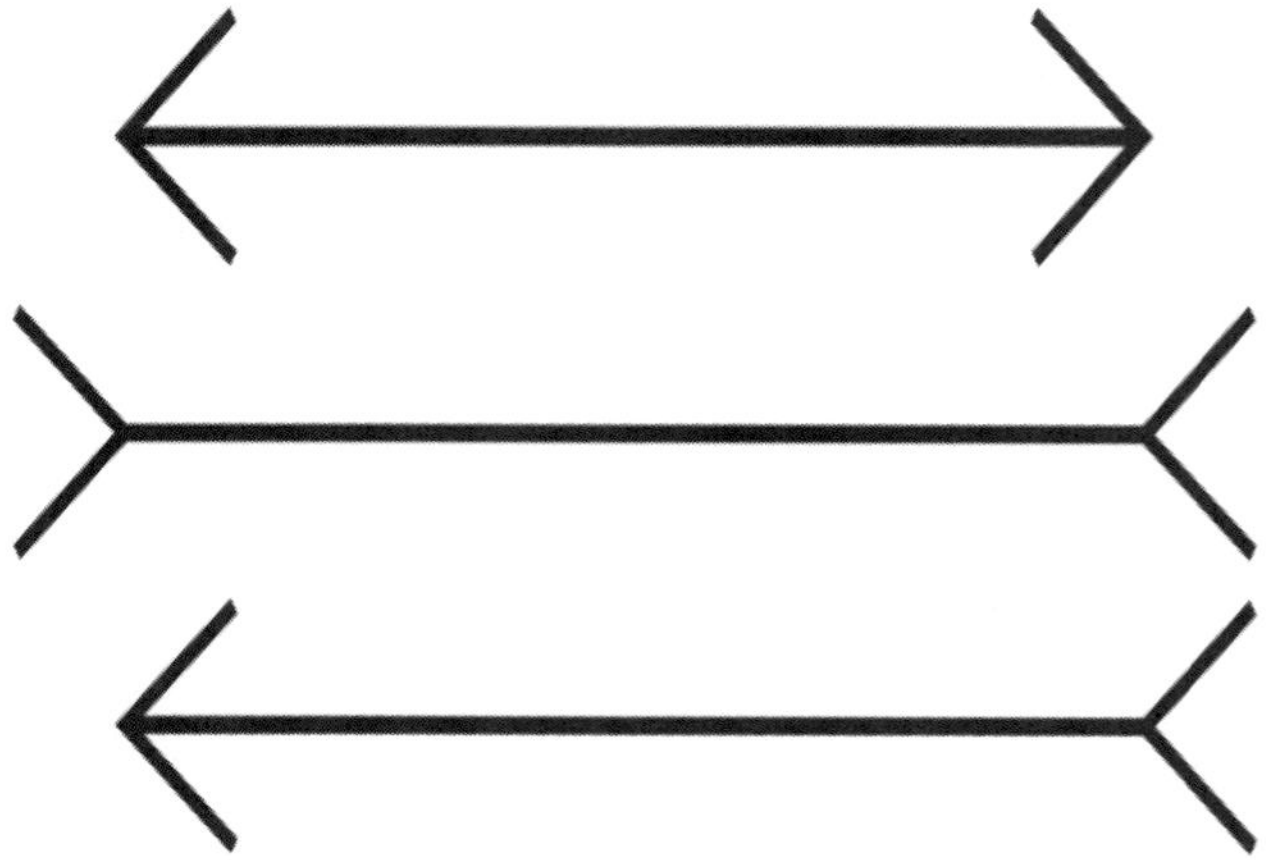

知覚は知的なものではなく肉体化されているという、彼の哲学的議論を手っ取り早く体験できるのが、錯視（目の錯覚）である。簡単な例を挙げるなら、同一の長さの3本の直線を使った「ミュラーリヤー錯視」だろう（上図参照）。直線はいずれも同じ長さだが、内向きや外向きの矢印をつけると、目の錯覚で長さが違うように見える。

純粋な理論的知識の世界であれば、この3本の直線を定規で測ると、すべて同一の長さになる。客観的には、これは常に真理である。だが、私たちが経験している世界では、線の長さは明らかに等しくない。私たちが知覚するのは、3本がそれぞれ切り離された光景ではなく、3本が関係し合う文脈的な理解である。私たちが何かを目にする際には、「図」（形として浮き上がって見える部分）と「地《じ》」（「図」の下地）の両方を見る。言い換えれば前景と背景である。この像全体を見るのであって、３つの同等の直線という部分のみを見ているわけではない。そして、錯視が働き、３本の線は同じ長さに見えないのである。

これは真実か。私たちの経験上は、答えはイエスだ。メルロ＝ポンティは、画期的著作の中で、現実が存在するのは私たちの知覚の中であって、定規で測った３本の同じ長さの線という抽象概念の中ではないと指摘する。

遠くから近づいてくる列車を見る経験にも、同じことが当てはまる。駅のホームに立ち、列車が来る方向に目をやる。列車が近づいてくると、遠くの地平線上に小さな点が見える。その点は、しばらくの間はさして変化しない。だが急にスイッチが入ったかのように、列車は非常に大きくなり、目の前にやってくる。この現象は、列車の実際の大きさを連続的に記録するような経験ではない。むしろ、経験の中では、列車の大きさはしばらく一定に保たれたままで、突然、小さなものが大きく変化する。メルロ＝ポンティはこれを「大きさの恒常性現象」（訳注：身長１７０センチメートルの人が遠ざかっていくと、どんどん小さく見えるはずだが、その人が縮んでしまったとは思わず、依然として１７０センチメートルの人と捉える。このように距離が変わっても一定の大きさに知覚される現象）と呼んだ。私たちの経験では、列車（トラックでも飛行機でもいい）の大きさは、故障して新しいサイズに変更でもされない限り、一定に保たれている。文脈全体が一斉に切り替わると、変化は、なめらかではなく、急激である。ここに、つまり私たちの知覚の中に、現実が存在するのだ。

## 「ゲシュタルト」という概念

メルロ＝ポンティは、ある海辺の町を歩いているときの自分自身の経験を次のように記述している。彼の目には、はるか遠くにまっすぐな垂直の線がいくつか見えたが、ぼんやりとしていてそれが何なのか判然としない。彼は、この線や形状を捉えるが、それが何なのかは「見る」ことはできないでいる。だが、もっと近づいてみると、まっすぐな垂直の線は船のマストだとわかった。その瞬間、突如として航海の世界が彼の前に広がった。ピンときたのだ。ピンときた瞬間からは、もはや地平線上にある無作為な線を見ていた状態には戻れない。

このことから、私たちの生活の中で意味と機能を持つ物事の文脈があって、初めて知覚できるようになると言える。夜、騒がしいなと思って外に立って、周囲の音に耳を澄ましても、パーティの騒ぎなのか通過する列車の騒音なのか判然としないことがある。だが、列車が警笛を鳴らした瞬間、パーティかもという思いは消え去り、客車や線路、スピード、走行音などの場面を完全に思い浮かべることができる。船やマスト、航海の光景がはっきりと見えてきたように、列車の音もはっきりと聞こえてくるはずである。

次に、歌を思い出そうとしているとき、何が起こっているかを考えてみよう。記憶をたどり、喉《のど》まで出かかっているのに思い出せないのは実にもどかしい。だが、歌詞の最初の1行とかリズムを作るベースラインが浮かんできて、完全な記憶がよみがえると、歌、メロディー、歌詞が一体となって突如現れる。単なる色、形、音波の断片的な集まりが、突如として意味のある世界全体として立ち上がるなどということが、どうして起こるのだろうか。何の意味もなさない断片が、突如として私たちがはっきり理解できて、関わり方までわかるような世界全体に変わるのだ。不可解なこととまでは言わないが、人間なら誰でもできるというのは驚くべきことではないか。

小さな点が急に大きな列車に変わるとか、ただの線の集まりが港の世界に突然変わるなど、私たちの存在という現実が知覚の中にあるとすれば、この全体から全体への変化はいったい何なのか。そしてそれはどこから来るのか。何かを見ている自分自身の姿を眺めるためには、「全体」が私たちの知覚の中にどのように存在するのかを認識していなければならない。

メルロ＝ポンティは、ある科学者と芸術家に大きく触発されて自らのアイデアを生み出した。その科学者と芸術家はそれぞれ革新的作品を生み出した人物だ。そのおかげで、メルロ＝ポンティが世界の知覚方法を正確に理解する一助となった。つまり、芸術と科学を通じて、「全体」という現象に独特の呼び名が作られることになったと言える。それが、今日、「ゲシュタルト」（部分の寄せ集めでなく全体としてまとまった構造）として知られているものだ。

# 最初のルッキングラボ　ゲシュタルトの物語

## 1.「全体」の捉え方を科学者に学ぶ

１９１０年、マックス・ヴェルトハイマーという30歳の大学院生がウィーンで列車に飛び乗った。[2]行き先はドイツ西部のラインラントだ。もう一人前の大人とはいえ、自らの業績が情けないほど人より後れをとっていると感じていた。そろそろ成長して心理学者かアカデミズムの世界でまじめに身を立てるべきだが、そのためにはどうすればいいのか。この大学院生は、少々無鉄砲なところがあるとはいえ、魅力もあるし、容姿も悪くない。学術界での評価もある。だが、経済的にはいまだに親のすねをかじっていた。今乗っている列車の乗車券もプラハにいる父親に払ってもらった。おまけに、研究の次のステップについて明確な道筋が描けていなかっただけに切羽詰まっていた。ヴェルトハイマーは、失語症患者の文字認識から、法心理学に存在する論理構造に至るまで、実験心理学の課題が称賛されたことはあるが、依然として「ハビリタチオン論文」（ドイツの大学教授資格取得のための論文で、博士よりも上の最高学位）のテーマが決まっていなかった。以前手を出したことのある多くのテーマに挑んでもよかったが、次の実験では心理学の領域を大きく広げたいという強い思いを抱いていた。

彼はヒントを求めて、昔のノートを開いてみた。子供のころに編み出した自己流の速記法で書かれたものだ。ページを次々に繰っていくと幾何学的な図形やスケッチが現れた。確か、幾何学図形が集まって全体として何を意味するのか読み取ろうとしていたころに描いたものだ。例えば、長方形の上に三角形が乗った場合、個別の部品の集まりとは違うものになるのか、といった具合だ。私たちがそんな図形を目にしたら、私たちの頭はどのタイミングで「家」と捉えるだろうか。単なる長方形1個と三角形1個でないとしたら、私たちが知覚するこの「家っぽさ」とは何なのか。

ヴェルトハイマーが昔のノートを見ているうちに、人間の知覚に関して確かな真実を明示する実験はないものかと考え始めた。そのうち、自分がその実験を考案したいと強く思うようになった。世界を見るという私たちの不思議な力について、科学は、何を語ってくれるのか。

当時、主流だった心理学研究を考えると、この領域で体制側から助成や支援を受けることはハードルが高いとヴェルトハイマーは覚悟した。もっとも、昔ながらの研究室での研究には興味がなかった。彼も同年代の同僚も、1900年以前に研究を始めた実験心理学者は、アイザック・ニュートンの機械モデルから抜け出せていないと見られる傾向があった。ヴェルトハイマーとしては、私たちが「長方形と三角形」ではなく、どのようにして「家」と知覚するのかを解明するために、それまでの常識とは一線を画する研究室を作り上げる必要があったのだ。そこで、「ルッキングラボ」(〝見ることの研究室〟)という研究室の設立に乗り出した。

ヴェルトハイマーは、1910年に心理学領域で活躍していた古い世代に警戒心を持っていたが、実際、その姿勢が間違っていたわけではない。実験心理学は比較的歴史の浅い学問だったが、すでにドイツの生理学者で哲学者のヴィルヘルム・ヴントの影響力でがんじがらめになっていた。ヴントは1879年、自然科学の一部として、生物学や生理学と並ぶ学問を確立しようと、ライプツィヒ大学で心理学の最初の実験に乗り出した。同時代の科学者の多くがそうであったように、ヴントは、還元主義者(複雑な事象・概念を最も基本的な要素で説明する立場)で、心理状態を個々の要素に分類しようとした。そこで、実験を通じて、感覚(つまり刺激)がどのように身体の反応を生み出すのか計測しようとした。要は、科学を名乗る以上、その役割は、人間の意識を基本的な部分に分解し、実証的に計測することにあったわけだ。

そのヴントが最初に着手したのが、精神作用に関する速度[3]の調査だった。精神作用は構成要素に分解でき、ストップウォッチで時間を計測できると考えたのだ。研究室での最初の実験は、被験者に巨大な金属製の振り子が前後に揺れる様子を観察してもらった。そして、振り子の揺れの実際の位置と、被験者が知覚する振り子の位置との違いを比較した。ヴントは、実際の位置と知覚した位置の差が思考の速度を表すと仮説を立てたのである。

ライプツィヒ大学のヴント研究室[4]は、部屋が1つだけだった。所属の大学院生数は片手に収まるだけの陣容でスタートしたが、やがて博士研究者を輩出する有力な拠点となった。わずか10年で、ドイツ政府から巨額の助成を獲得し、ヴントの指導の下で実験に取り組みたいと同研究室の門を叩く博士課程学生は20人以上に達した。その中には米国からの留学生も数人いた。一部屋で始まった研究室は、1フロアすべてを占めるまでになり、すべてが刺激と反応の実験として使われた。その中に「反応室」と呼ばれる不気味な名称の部屋があった。そこでは、特殊な電力設備が導入されていて、電磁機器を使って被験者に視覚や聴覚の刺激を与え、反応時間を計測できるようになっていた。

## 音楽学と現象学の研究成果を結び付ける

ヴントは学生とともに実験心理学の研究をまとめた全7巻７００ページに及ぶ『哲学研究』を発行した。１８７５～１９１９年にかけて同研究室に籍を置いた博士課程学生は１８４人に上り、そこで育った人材が世界各地の大学や研究施設へと巣立っていった。とりわけ米国や東欧での活躍が目立ち、心と意識の性質についてヴントの考えを広める役割を担った。

だが、ヴントが「心理学の父」として君臨する足元では、知的反逆の動きが見られ始めていた。この反逆集団という駆け込み寺に逃げ込んで安堵した一人が、前出のマックス・ヴェルトハイマーだった。恩師は哲学者のカール・シュトゥンプである。シュトゥンプは気の合う仲間とハイキングに出かけるのが趣味だった。[5] ヴェルトハイマーが恩師と山道を歩いていたときのこと。人間の意識を正確に観察する方法について自分の考えを話すと、恩師が共感してくれた。２人には、音楽という共通の趣味もあった。

シュトゥンプは子供のころにバイオリンなど5種類の楽器の手ほどきを受け、プロのバイオリニストをめざしたこともあった。そして、自らの音楽に対する造詣を哲学的アプローチにも生かしていた。例えば、シュトゥンプにとって、バイオリニストが弾くひとまとまりの音の並びの聴こえ方は、ライプツィヒ大学のヴント研究室の研究結果とは違っていた。バイオリニストがすべての音符の音程を同じようにずらしても、それを構成する音同士の関係が同じであれば、聴き手はどちらも似ていると認識する。シュトゥンプは、人間が個々の音を個別に知覚するのではないことを知っていた。音楽を一体的な「全体」として聴くからだ。彼は、研究活動に音楽を取り込みながら、あらゆる音楽に例外なく存在する音色と音程を明らかにしていった。シュトゥンプは、この音楽的要素を「現象」と呼んだ。

当時、現象の経験の仕方を研究すること、つまりは現象学の研究が広がりつつあり、シュトゥンプは自身の音楽学の研究成果を現象学の研究成果と結び付けて考えるようになった。

## 全体は部分の総和を上回る

ある日、何かおもしろい研究テーマがないかと考えていたヴェルトハイマーがシュトゥンプに助言を求めたところ、ポケットマネーで続けてきたという特別研究プロジェクトを紹介してくれた。それは、世界中で集めてきた古代の歌や音楽の録音コレクションだった[6]。録音物は、エジソンの円筒形フォノグラム（後のレコード）の技術を使って収集されたもので、シュトゥンプは、これを保管するアーカイブを作っていた。最終的に、コレクションは15万件ほどに達し、シュトゥンプの研究所からベルリン音楽大学に移された。

ヴェルトハイマーは、ひまを見つけてはアーカイブを訪れ、貴重なコレクションの音源に耳を傾けた。何度も繰り返し聴いた音源の一つが、ベッダ族の歌い手による音楽だった[7]。ベッダ族とは、紀元前6世紀以前からスリランカに定着した先住民と考えられている。民族音楽研究者の間では、ベッダ族の歌は人類史最古の子守唄と特定されており、基本的に3つのパートで構成されている。第1のパートは、さまざまな旋律やリズムで歌われ、まだ起きている子を眠りに誘う役割を果たす。第2のパートは、もう少し穏やかになり、赤ちゃんを落ち着かせる役割がある。そして最後に、赤ちゃんが眠りから覚めないようにする心地よい和声の第3パートへと至る。

当時（20世紀初め）、ベッダ族の音楽を研究していた他の音楽研究者は、欧州の伝統音楽よりも芸術的に劣る「原始的」音楽と捉えていた。一方、ヴェルトハイマーは、以前から研究テーマにしていた意識の謎を解明する鍵が、このベッダ族の歌にあるのではないかと考えた。三角形と四角形だけで「家」が見えてくる全体的な一体性と相通じるものが、古代のベッダ族の歌にもあると気づいたのである。この歌は単純ではあるが、リズムや旋律に明確な特性があり、独自の規則、変化、主要旋律があったのだ。実際、ヴェルトハイマーは、論文の中で、さまざまな部分が変化しても、ベッダ族の音楽は「一体性」を保って存在していると論じている。

ヴェルトハイマーによるベッダ族の音楽の分析は、同僚の教授であるクリスチャン・フォン・エーレンフェルスの研究につながった。1890年、エーレンフェルスは、音楽の旋律を例に、音楽を鑑賞することは単一の孤立した音色を聴くことで成立するわけではないと主張し、音が連続して意味のある形でつながったときに旋律と呼べるとした。また、旋律は、異なる音階に移調（訳注：いわゆる「キーを変える」こと）でき、それによって個々の要素自体は完全に違うものになるのだが、それでも同じ旋律と認識される。この点について、エーレンフェルスは「ゲシュタルト性質（形態質）」（訳注：個々の要素が変わっても、全体として同じ感じを抱かせる性質）の存在を指摘した。[8] つまり、単なる部分の集まり以上のものがあるということだ。

全体は部分の総和だという考えが一般的だった時代に、エーレンフェルスの論文は、全体は部分の総和を上回るという、斬新な考え方を提示した。つまり、部分の総和だけでなく、ゲシュタルト性質も加わるとしたのである。だが、ヴェルトハイマーがベッダ族の音楽を聴きながら研究を進めているうちに、自分でもどう表現したらいいのかわからないほど画期的な概念を突き詰めてみたい衝動に駆られるようになった。それは、全体が部分の集合とはまるで異なるとしたらどうか、という考え方である。全体が部分の総和でもなく、部分の総和より大きいものでもないとしたら……。私たちの意識の中に、部分よりも先に全体が存在していたとしたらどうか。そして部分とされるものさえも、この全体が決めているとしたらどうか。全体を最初に経験し、その後に部分を埋めていくという考え方はありえないのか。それこそ、世界の現実を見る手段ということになりはしないか。ヴェルトハイマーはそう考えたのだ。

ヴェルトハイマーは、自ら開設したルッキングラボを発展させるためにも、ヴント派の心理学的アプローチとその還元主義が不正確である点を証明しなければならなかった。刺激の物理的特性（ライプツィヒ大学のヴント研究室の電磁装置など）と、刺激に起因する感覚の心理学的特性との間に、1対1の対応関係はない点を実験で示す必要があったのである。私たちはそんなふうに世界を経験しているわけではないとヴェルトハイマーは確信していた。だが、こうした「全体」、つまりゲシュタルト性質の存在を実験で示すにはどうすればいいのか。

## 残像現象とは何か

ヴェルトハイマーは、科学的な正確さが確実に担保されている経験に立ち返ってはどうかと考え続けていた。それが残像現象である。視界から刺激が消えた後でも網膜に像が残る現象については、何千年も前から詩人や芸術家、哲学者が記録に残している。アリストテレスは、太陽を見た後に空から目を背けても太陽が見えていると記している。西暦165年にはプトレマイオスが製陶用の「ろくろ」の色が回転中にぼやけて見える様子や、流星の後ろに光が散って夜空にあふれるように見える現象について思いを巡らせている。

もっと新しいところでは、ヴェルトハイマーの恩師の一人で実験心理学の教授であったジグムント・エクスナー[9]が「仮現運動」(実際には運動がなくても、類似の刺激が続くと運動しているように感じる現象)と呼ばれる画期的な実験を手がけている。実験でエクスナーは、被験者の前方に2つの発光装置を少し離して設置し、連続的に発光する電気的な火花を見つめるよう被験者に指示した。両方の発光タイミングが0・045秒以上ずれていなければ、被験者は、それぞれの発光を別々の現象と識別できないことがわかった。続いて、そのまま2つの電気火花の位置を近づけたところ、第1の発光装置から第2の発光装置へと光が流れていくように感じると被験者が回答している。エクスナーは、ヴントの教えに従い、この感覚的現象が眼球運動によってのみ説明できると結論づけた。

「でも、それは違う」

ヴェルトハイマーは納得できなかった。眼球運動が理由でそのような結果にはならない。ヴェルトハイマーにある考えが浮かんだ。そのような結果を生むのは、動的知覚の処理によるものだと気づいたのだ。

さて、ウィーンで乗った列車は駅に近づいていた。車掌が「フランクフルト・アム・マイン」と駅名を告げると[10]、ヴェルトハイマーは飛び起き、我に返った。問題は、仮現運動で起こっている現象が眼球運動とは無関係であり、知覚の仕組みと関係がある点をどう証明するかだ。つまり、「全体」としては、光の移動という運動が起こっているかのような経験をしていて、それが感覚や刺激という「部分」を決定していることを証明しなければならなかった。これを計測し、科学的に結果を記録する方法が見つかれば、運動という現象が「全体」であって、眼球ではなく知覚によって理解されるものであることを示す第一歩になる。

## 子供のころによく遊んだおもちゃで実験を行う

ヴェルトハイマーは、列車を降りると、すぐに雑貨から食品まで何でもそろっていそうな市場に向かった。大きさと運動の恒常性をはっきりと際立たせるツールはないものかと、思いを巡らせているうちに、おもちゃのゾートロープ（回転のぞき絵）であれば、うまくいきそうだとひらめいたのである。これは昔から人気のある筒形のおもちゃで、筒の内面には複数の連続性のある絵が描かれている（例えば馬が走っている様子など）。筒には縦長の穴（スリット）が等間隔でいくつも開けられている。筒を回転させ、外側のスリットから中の絵を覗き込むと、あたかもアニメーションのように絵が動いて見える。ヴェルトハイマーも子供のころによく遊んだおもちゃで、とてもお気に入りのものだった。イングランドでは、ロンドンステレオスコピック&フォトグラフィック社が何千種類ものゾートロープを販売していた。そして、ヴェルトハイマーがフランクフルトの市場で見つけたものは、その最初のモデルだった。

このおもちゃを手に急いでホテルに戻り、ベッドに腰かけた。筒を回し、スリットから覗き込むと、ボールの上に乗った男が跳ねている姿が見えた。数秒前まで、筒に描かれた一つひとつの絵は静止画だったのに、今目の前の像は動いているように見える。だが、科学的な意味では、画像が動いていないことは明らかだ。そう考えると、徐々に気持ちが高ぶっていく。ヴントの研究室の文脈で言えば、この一連の絵は静止画であるが、今、ヴェルトハイマーは動いているように経験している。過去にも、「恒常仮説」(外界からの刺激と感覚は1対1対応とする説)が不正確である点を明確に実証した実験はあった。それがすべて子供のおもちゃで再現されている。そこで、この運動が現象そのものである点を証明するための手段が必要だ。つまり、これは全体として起こっていることであり、眼球運動の結果ではないという点について証明しなければならない。

ヴェルトハイマーはゾートロープを使った実験の可能性に大いに興奮し、ウィーンにもべルリンにも戻る気にならないほどだった。そしてフランクフルトで研究室を探し始めた。恩師からフランクフルトアカデミーの研究室の一角を貸してもらい、最も有能な助手のヴォルフガング・ケーラーも紹介してもらったのだ。

ケーラーは、ヴェルトハイマーと同じく、実験心理学と物理学の両方に関心を持っていた。ケーラーに出会った人は誰でも強烈な印象を抱くが、ヴェルトハイマーも例外ではなく、出会ってすぐに大いに魅了された。彫りの深い顔立ちに広い額のケーラーは、研究室でも気品のある存在感で異彩を放っていた。フランクフルトの学生の間では、貴族の出ではないかという噂が飛び交っていた。ヴェルトハイマーは、ケーラーの家柄よりも、実験心理学にひたむきに取り組む姿勢に引かれていた。ケーラーは物理学者として、あの著名なマックス・プランクの薫陶を受け、ヴェルトハイマーと同じく、カール・シュトゥンプの指導により、1909年に博士号を取得している。

## 知性で結ばれた3人の対話から生まれたもの

2人は、出会ってすぐにそれぞれの最新の研究成果に関して意気投合した。ケーラーは、超小型の鏡を鼓膜に配置して音響実験に取り組んでいた。鏡の反射により、光線で鼓膜の動きを記録すれば、音を記録するのと同じようになる。ヴェルトハイマーは、知覚に「全体性」が存在することに関して、長年にわたって収集してきたメモをケーラーに見せた。ケーラーは初対面のヴェルトハイマーについて、「（彼の）研究は心理学を一変させると感じた。流行りに流されず、重要な現象を観察し、そこにどのような意味があるのかを発見しようとしていた」との印象を書き残している。[11]

一方、ヴェルトハイマーは、最初の出会いでケーラーにエネルギーを感じたものの、仮現運動を探るもっと厳格な実験に期待していることを伝えるのは、時期尚早であると直感した。それは、自分の実験の被験者兼観察者としてケーラーに参加してほしかったからだ。

初期の実験心理学の研究では、研究者から被験者を募ることは珍しくなく、標本サイズも小さいことがほとんどだった。実験心理学者が分離・検証しようと躍起になっていた現象は、被験者の気質や訓練と関係なく、一人ひとりに自然に現れる現象である。簡単に言えば、人間らしさにつながる要素ということだ。

ケーラーは、すぐにヴェルトハイマーを同志と受け止め、フランクフルト大学で助手をしていたクルト・コフカを紹介した。ケーラーやヴェルトハイマーと同様に、コフカもシュトゥンプの指導の下で研究に取り組み、イメージと思考に関する論文を執筆した。コフカには、ヴェルトハイマーのような人を引き込む知的エネルギーも、ケーラーが放つ貴族的な魅力もなかったが、産業界に身を置く科学者であり、著作の執筆にも精力的だった。

知性で結ばれた3人が協力的な姿勢で対話を重ねる中、ヴェルトハイマーは、それまで大切に温めてきた実験に着手すべき時が来たと感じた。実はヴェルトハイマーが最初にこの大学にやってくるときに、スーツケースにごく原始的なストロボスコープを忍ばせていた。これは、高速に運動する物体に規則正しい間隔で強力な光を当てることにより、まるで低速で運動しているか静止しているかのように観測できる装置だ。だが、大学には、はるかに多用途で使い勝手のいい装置があることに気づいた。タキストスコープ（瞬間露出器）である。ストロボスコープは連続的に発生する刺激を与える道具だが、タキストスコープは光線を1秒の何分の1という正確な間隔で断続的に照射することができる。1910年後半にヴェルトハイマーは、ケーラーとコフカ、さらにはコフカの妻のミラ・クラインに声をかけ、これから実施するある実験に観察者として加わってもらえないかと打診している。しかしながら、実験の内容については伏せていた。

## まったく新しい知覚の動的モデル

実験は大学の教室を使い、1人ずつ個別に被験者となった。タキストスコープを使い、被験者に2つの単純な図を提示する実験だ。使用した図は、直線、曲線、そして文字の「a」、「b」である。ある図（例えば「a」という文字）を瞬時に提示し、約30ミリ秒（訳注：ミリ秒は1秒の1000分の1）以下の間隔をおいて隣の図（「b」という文字）を瞬間的に提示したところ、被験者は「a」と「b」が同時に表示されたと答えた。次に、1つめの図が提示されてから2つめの図が提示されるまでの間隔を長くした。間隔を200ミリ秒以上にしたところ、被験者は、1つめがまずパッと光って消え、続いて2つめが光って消えたように見えると答えた。1つめの図と2つめの図が提示される間隔をその中間の60ミリ秒前後にすると、被験者は1つめの図がある位置から2つめの図がある位置に移動したように知覚した。[12] 被験者は、「a」と「b」という別個の図として見なくなり、どちらか一方の図が動いているように捉えたのだ。

ヴェルトハイマーは、この現象が起こることに大いに魅了された。2つの図がつながって見える「純粋な運動」の現象を経験したにもかかわらず、現実には個々の物体と何ら関連がないのだ。さらに被験者は、実際には一切の図を用意しなくても、運動を知覚したと答えた。実はタキストスコープからは何の図も提示されていなかったにもかかわらずだ。では、被験者は何を見たのか。

ヴェルトハイマーはこれを「ファイ現象」と呼んだ。「ファイ」は「現象」を意味するギリシャ語の頭文字である。実験では、客観的には運動する物体はなかったが、運動の知覚が明らかに存在したことに注目した。彼はこれを「純粋ファイ現象」と呼ぶことに決めた。

ヴェルトハイマーは、純粋ファイ現象の存在を主張することにより、最終的にヴントやその信奉者らと袂《たもと》を分かつことになる。厳格で理路整然とした実験を通じて、実際に存在する刺激なしに「純粋ファイ」という現象が存在することを確認した。物体の運動なしに、知覚で捉えられる運動が存在したのである。

しかしながら、この発見は画期的なものではなかった。実験心理学者の間では、以前から実験で発生することが確認されていたからだ。仮現運動研究に関して画期的だったのは、ヴェルトハイマーによる分析のまとまりの良さだ。彼が明らかにしたのは、「全体」の存在である。つまり、実際の動く物体がある前に、運動という現象が存在したのである。しかも、動く物体とは完全に切り離された状態でも、その存在が確認されたのだ。まったく新しい、知覚の動的モデルだった。ヴェルトハイマーは、「ファイ運動」を紹介したことにより、部分的に生理学に基づく知覚分析の先駆けとなった。これこそ、デカルトが頭で考えた抽象的な知覚ではなく、身体による知覚というものである。

ヴェルトハイマーは、ケーラーとコフカを呼び、実験の結果を伝えた。ゲシュタルト理論の提唱者であるこの3人の科学者にとって、すべてが塗り替えられる瞬間だった。カート・コフカは、後の1915年に「(全体が)部分よりも遅く現れるなどということは断じてない。[13] 実際、部分の何かを感知するより先に全体を感知することも多い」と記している。実験の結果、純粋ファイ現象の運動というゲシュタルトの知覚が、文字「a」か「b」かの知覚よりも先行し、そもそもこうした文字を見たと認識したかどうかの判断さえも後回しになった。このことにより、ヴェルトハイマーは、この点についてはっきり主張できるようになったのである。

そして、心理学に対するヴントの還元主義的アプローチの優位性は大きく崩れた。まさしく、人間の意識を理解するという新たな方法の登場にほかならなかった。

## 2.「全体」の捉え方を芸術家に学ぶ

同じ1910年、作家のヴァージニア・ウルフがロンドンのグラフトン画廊で開催された美術展に姿を見せた。主催はジャー・フライだった。このときの経験を基に、ウルフは「1910年12月かその辺りに人間の性格は変わった」と綴っている。[14] この美術展は、ポスト印象派の始まりと言われるようになった画期的なもので、フィンセント・ファン・ゴッホやポール・ゴーギャンをはじめ、ウルフの姉のヴァネッサ・ベルなどの画家の作品が英国に紹介されるきっかけともなった。

だが、同展で、人間の意識に対するウルフの理解を完全に打ち砕いた画家は、ポール・セザンヌだった。

セザンヌは、この美術展の4年前の1906年にすでに亡くなっていたため、ヴェルトハイマーの仮現運動研究については知る由もなかったが、新境地を開いたヴェルトハイマーとセザンヌは、かたや実験室、かたやキャンバスと活躍の場こそ違ったが、知覚の正確な理解を深めようと努めた点は共通していた。芸術家としてのセザンヌは、知覚についてヴントの考え方が幅を利かせていた状況にまったく影響を受けていない。その代わりに、芸術界の暴君らとの闘いを強いられた。

## クロード・モネとポール・セザンヌの絵画運動

ヴァージニア・ウルフが美術展を訪れた年から40年ほど遡った1874年4月15日のことだった。[15] 芸術界の体制に反旗を翻した前衛派の画家や彫刻家のグループが、パリのカプシーヌ通りのガスパール・ナダールのアトリエに集まった。駆けつけた画家の中に、パリの最高級テーラーで仕立てたしゃれたズボン姿の派手な青年がいた。その若い画家が挨拶に立った。

やがて、青年はパリの著名なサロン展（訳注：フランス王立絵画彫刻アカデミー主催の公募展覧会。画家にとっては登竜門的な存在だが、審査ではアカデミーの保守的な規範を「芸術の規範」としていた）の審査員を槍玉にあげる。会場にいたほぼすべての画家は、サロン展の審査員やアカデミーの保守的な方針によって、落選の憂き目にあった面々だ。青年画家が糾弾したように、サロンは作品に正確さと迫真性しか求めていなかった。サロンは、かつての巨匠たちの陳腐なテーマだけを望んでいた。いわばエルネスト・メソニエ（訳注：1815〜1891年。フランスの画家。ナポレオン戦争など写実的な歴史画で評価を集めた画壇の大家）の焼き直しのような作品をよしとしていたのである。

会場の芸術家らは口々に不平不満の声をあげた。メソニエの焼き直しはもういらない、と。メソニエは、上流階級にもてはやされた作家で、ナポレオンの肖像画や戦勝を題材とした作品で知られていた。この日、反旗を翻した芸術家グループの面々は、この古典的画家の支配に抑えつけられてきたのだ。サロンは過去から抜け出せないでいた。だからこそ、くだんの若き画家は、メンバーの不満の声が渦巻く会場で、ひときわ大きな声で「サロン展の審査員は、過去に見たことのある生活を再現することばかりに力を注いでいる。私たちに必要なのは、今現実にある生活だ」と同志に呼びかけた。

この小柄で生意気そうな青年の名は、クロード・モネ。上流階級の出ではない。父親はフランス北西部の港町、ルアーブルの商店主・商人だった。絵画へのこだわりがなければ、この場に立っていることもなく、父親の店で小麦粉や穀物を売っていたはずだ。だが、モネは自分の才能に大きな自信を持ち、サロンに関わりたくないという、強迫観念にも似た強い思いがあった。今晩の自主的な展覧会では、モネら芸術家仲間が作品を初めて披露する場だった。どの作品も、サロンやその押し付けがましい美意識に公然と異を唱えるものだった。モネが捉えようとしたのは、迫真性ではなく、日常生活に見られる光のはかなさだ。

彼とともに立ち上がったのは、ピエール＝オーギュスト・ルノワール、アルフレッド・シスレー、ベルト・モリゾ、カミーユ・ピサロなどの画家だった。彼らは「画家・彫刻家・版画家の共同出資会社（Société Anonyme Coopérative des Artistes Peintres, Sculpteurs, Graveurs）」を立ち上げた。仲間のうち、サロン展に出品して審査員に認められたことがあるのは、エドゥアール・マネだけだった。[16] その作品とは、１８７３年に手がけた伝統的な絵画「ル・ボン・ボック」だ。それ以外のメンバーは、当時のパリの芸術界で異端児扱いだった。

モネは、自分がまったく新しい芸術運動の急先鋒であると自負していた。伝統的な感覚で見れば、未完成作品のような画法だったからだ。いろいろな意味で、彼は間違っていなかった。展覧会に名を連ねた30人の画家は、現実に対するまったく新しい描き方を模索していた。

だが、モネは、自分よりはるかに急進的で、現代的、しかも本当の世の中を知覚する方法に精通する画家が同じグループ内にいることに気づき始める。ポール・セザンヌだ。昔の巨匠らが作った制約から飛び出し、光のはかなさの印象へと芸術界を導く絵画運動に関わるようになったのがモネだとすれば、芸術を限界にまで押し広げようとしていたのが、セザンヌだった。粗野で世捨て人のようなプロヴァンス（南フランス）出身の画家である。モネの絵画は、心の目に映るものを提示しているのに対して、セザンヌの絵画は、本当に見えるものを私たちに強制的に認めさせるような力があった。

## 画題を「読む」こととその本質を理解すること

1874年、問題の展覧会が初日を迎えると、パリの主流の新聞は、参加した画家から、その取り組み内容に至るまで、さんざんにこき下ろした。風刺新聞『ル・シャリヴァリ』の批評家で、皮肉屋のルイ・ルロワは、モネの使った「印象」という言葉尻をつかまえて「なるほど印象的だ」と茶化し、作品を「未熟な壁紙[17]」と切り捨てた。それ以上に徹底的に蔑《さげす》まれたのは、セザンヌだった。批評家や展覧会を見た人々の間でも、セザンヌ流の大胆な太い筆づかいは、血迷った男の作品などと散々な言われようだった。そのセザンヌを展覧会に誘ったのが、一緒に準備を進めてきた仲間のピサロだったと知ったエドゥアール・マネは、自分の展示作品を引き揚げるという行動に出た。マネは、セザンヌを「コテで絵を描くレンガ職人」[18]と馬鹿にし、そんなセザンヌの作品と並んで展示されることを拒んだのである。

もっとも、マネ以外の面々は、セザンヌを同志と見ていた。どのメンバーも、光を通じて現実を経験するという方法で、現実を描くことに力を注いでいたからだ。例えば、モネの「睡蓮」は、光と水面への反射の瞬間的な効果を提示している。モネをはじめとする印象派は、貴族の領主や歴史に残る戦いではなく、池の花のようなありきたりのものに注目し、極めて日常的な環境に芸術が存在する世界を提示していた。この現実を捉える手法とは、私たちが光をどう見ているかに合わせることだった。

この考えが、サロンと袂を分かつ結果を招いたことは確かだが、過去の哲学的な思い込みに縛られた状態からは依然として脱却できずにいた。このため、4月15日に展覧会が開催される前から、セザンヌは印象派への不満を募らせる一方だった。光のまだらに対するモネのこだわりは、ライプツィヒ大学のヴント研究室で行われた実験とさほどかけ離れていない。そこには、知覚したもの全体を感覚印象にまで削ぎ落としていくことへの執着があったからだ。

一方、セザンヌは、自分の絵画が持つ世界に関して、もっと永続的で本質的なものを捉えたいと望んでいた。私たちが目にするものの核心とは何か。そう自問していたのだ。それも、水面に光が反射する瞬間だけでなく、実際に見るという行為の核心である。セザンヌは、こんな言葉を残している。

「思考が不可欠だ。[19]見るだけでは不十分であり、考えることが必要なのである」

セザンヌは、ヴェルトハイマーとは面識もなかったが、自分のスケッチブックに同じ疑問をぶつけていた。私たちは、水面に映る光のまだら模様一つひとつを実際に知覚しているのか。そんなわけがない。知的なうぬぼれがあると、どうしてもそういう主張をしたくなるのだろう。一瞬にして「椅子」全体を見るのではなく、椅子の上に現れた光の色、質感、まだらを個々に見ていると言い張るようなものだ。セザンヌは、そんな誤解を取り除きたかったのである。物体を描くだけにとどまらず、私たちがこうした物体をどう経験するのかということまで描きたかったのである。

モネは、フランス北部のジベルニーという町で風景画を描き続けた。それも、一つの作品を分割してさまざまな部分を描く手法だ。一方、セザンヌは、根本的に違う手法を打ち出した。第一に、描き始める前から、画題（絵のテーマ）をずいぶんと長時間研究することにしていた。そして、その経験全体に注意を払う方法を身につけた。それは、画題を「読み解く」ことと、その本質を理解することだ。観察・注意にじっくりと時間をかけた後、自分に見えるものをキャンバスに表現しようとした。こうした観察は、複製や模倣ではない。セザンヌに言わせると、この見るという行為には、画家が主観性を持ち込まざるを得ない。何しろ、私たちはカメラではないのだから。セザンヌは、次のように友人に語っている。
「厳密な意味での現実でよしとしてはいけない。画家が自分流のものの見方をする結果として変革に取り組めば、自然の表現に新たな関心が生まれる。[20] そういう画家が、これまで誰も見ていなかったものを明らかにし、それを絵画の絶対的概念に置き換えることになる」

## 知覚という行為をする人間であるという意味

4月15日に始まった展覧会は1カ月後に閉幕したが、これは誰がどう見ても失敗と思われた。作品に買い手がついた画家も何人かいたし、セザンヌでさえ作品が1点売れたのだが、最終的には全員が作品を自宅に持ち帰り、借金のある生活が変わることはなかった。パリの批評家らは、この新グループが投げかけた芸術のありようをどう受け止めていいのかわからずにいた。パリのファッション界は、印象派の作品について、焦点が定まらず未完成だとして、ずさんで安易と評価し、中にはまったくなってないと切り捨てる声もあった。

セザンヌは、生活苦から脱するため、プロヴァンスで暮らす銀行家の父親を頼った。彼の作品は判で押したように批判されたが、自分のビジョンを貫くことに迷いはなかった。自分が3次元的な奥行き表現からは大きく距離を置いていることも、自覚していた。モネら印象派の面々もそのような3次元的視点を否定していたが、依然として高度な遠近法を使っていた。絵画に描かれる物体は、橋でも教会でも睡蓮でも、ぼんやりと曖昧に描かれ、まるで遠くにあるかのように表現されている。

この高度な遠近法は、一見するとサロン展や歴史的巨匠が重用した3次元的表現とは対照的に見えるが、思い込みによる誤りの面が強かった。セザンヌは、ヴェルトハイマーと同様に、感覚的印象とそれに対する私たちの理解が1対1の対応関係にあるとする「恒常仮説」を批判したい気持ちを拭えなかった。

ここで、駅のホームに入ってくる列車をどう知覚するのか改めて考えてみよう。セザンヌがこれを描くとすれば、線路のはるか遠くに小さな点を描くか、近くで非常に大きく見える列車への転換か、どちらかを選ぶだろう。この2つのゲシュタルトの間の列車を描かねばならないとすれば、つまり、列車の実際の大きさを着実に記録するのであれば、芸術家ではなくカメラがあればいい。だが、セザンヌにとっては画家の視点、つまり知覚という行為をする人間であることこそが、現実である。彼の主観性なしに列車を記録することは、先に紹介したミュラーリヤー錯視の3本線のようなものになる。客観的には真実ではあっても、人間の経験としては誤りの絵画ということになる。このまやかしとしきたりと陳腐な表現で構成される絵画など、セザンヌにはとても受け入れられなかった。

セザンヌは、自分の芸術的なビジョンが具体的になるにつれて、それを表現するための新たなテクニックを模索した。彼が注意を向けたのは、子供時代に過ごしたエクス＝アン＝プロヴァンスの風景だ。[21] モネら印象派と訣別し、光の表現を完全に捨て去った。影と光源を完全に無視したのである。これ以降の作品でも、光の表現については変わっていない。ただ、物体そのものから光が出ているように見えるのだ。最終的にセザンヌは、幻想や自然主義の一切の試みに背を向けた。１８９０年代には、自宅近くのサント＝ヴィクトワール山にたびたび足を運び、60点以上も絵画に残している。どの作品も、理解不能一歩手前の光景を描いている。メルロ＝ポンティが「港」というゲシュタルト（全体性）に到達する前に地平線上に線と点の集まりを見たように、セザンヌは、「山」という経験に到達する前段階の線や点が組織化し始める様子を提示したのである。全体の理解に到達すると、光やら色やら質感やらの部分を埋めていくのだ。実際、「山」という全体があって初めて、何をもって部分とみなすかが決まるのである。

運動の全体が私たちの知覚という仕組みに存在することをヴェルトハイマーや共同研究者たちが証明するまでには、まだ何十年も待たねばならなかったが、それでもセザンヌは同じ現象、つまり私たちの注意の払い方を表現していたのである。モネや同時代の画家が光に関する考えを描き続けた一方、セザンヌは、私たちが全体を知覚してからようやく光などの部分を埋めるさまを捉えたのである。彼が描いた山の絵はどれを見ても、私たち自身の中でのゲシュタルトの変化を経験する。支離滅裂な状況から「山」に至るまでの間に、不思議な力が働くのだ。このようにして芸術は、キャンバス上のまやかしから、身体内部の経験へと移っていく。私たちの身体内部では毎日こうした経験が生じている。

## メルロ＝ポンティの苛立ち

ヴェルトハイマーも、セザンヌの絵も、人間の知覚の働きをどう見るのかを教えてくれる。一人の科学者と一人の芸術家だけでは、私たちの文化が受け継いできた知覚の不正確な記述を変えるまでには至らなかったが、それが何を意味するのかがわかるには、メルロ＝ポンティの哲学の登場を待つしかなかった。目に見えるものから意味を見出すにはどうすればいいのか。世界がまとまりを持って筋が通るのは、どの段階にあるのか。そして、それはなぜか。私たちは、他の人々をどのように見ているのか。

メルロ＝ポンティは、研究の中で、ゲシュタルトの知覚（まとまりとして知覚すること）を起点に据えた。そして、この枠組みを使って、私たちが世界をどう経験していくのかに着目したのだ。だが、同時代の伝統的な哲学者の間では、見ることとは、感覚与件（訳注・感覚に与えられたものという意味で、手触りやにおいなど感覚を通じて意識に表れるもの）である「部分」を知覚することだとされていた。この感覚与件とは、生データの個別のビットで構成されていて、網膜や鼓膜によって処理されるものだった。平たく言えば、彼らの考え方とは、椅子を見るという経験は、まず私たちの目の前にある物体の色、光、形、大きさ、幅を頭で処理することから始まる。続いて、その作業がすべて完了して、初めて椅子という理解に到達できるというのだ。

この手の説明に我慢がならなかったのが、メルロ＝ポンティである。椅子の理解に到達するまでの記述としては、ひどいとしか言いようがないと断じた。だが、そのような考え方だけに苛立っていたわけではない。別の哲学者陣営に対しては、もっと強い違和感を覚えていた。そちらの陣営は、見るというプロセスについて、感覚的なデータが意識に入ってきてからカテゴリー分けされると説明していたからだ。椅子を見ると、空間、時間といったカテゴリーの中に、ひょっとしたら家具というカテゴリーの中にさえ、すでに「椅子」が入っているというのだ。つまり、感覚与件は、あたかも流れ作業のように「もしAという条件を満たすならBを実行せよ」といったアルゴリズム的に一定のルールに基づいて処理される。細かくカテゴリー分けが進みながら、最もありうるカテゴリーである椅子に絞り込まれるまで処理が続くというのだ。

１９６０年代から１９７０年代にかけて初期の人工知能ブームがあった際、この思考のカテゴリーという哲学的思い込みを利用してロボットのプロトタイプがプログラムされた。ロボットは、知覚した物体に触ろうと腕を伸ばす。この物体は何だろうか。そこでロボットは、高さ、形状、色などのデータを取り込む。一連の取得データを基に、あらかじめ用意しておいた「家具」というカテゴリーと照合し、そのカテゴリーを基に可能性を絞り込み、最も可能性の高い結論である「椅子」に到達するという。

## 私たちは組織化された全体を知覚する

メルロ＝ポンティに言わせれば、今挙げたどちらの哲学者陣営の主張も、視覚の仕組みについて有益な考え方があるものの、知覚という人間の経験について何も明らかにされていない。私たちが実際に目にするものは、私たちを取り巻く現実の世界にあるものをそのまま反映しているわけではない。知覚は私たちの内部で起こる。見るものを変えれば、この世界で私たちがどのような存在で、どこにいるのかが反映される。私たちは、意味の世界に住んでいるのであって、無意味な感覚的印象で構成される世界に存在するわけではないと彼は言う。この「意味」とは、いたるところに存在する。食卓上にも、建物を構成する鋼材やコンクリートや材木にも、オフィスや学校の中にも、街の隅々にも存在する。カテゴリーの中にあるわけでも、データポイントの中でもない。あくまでも全体の中にある。すぐ目の前すぎて、「見る」ことができないのだ。先に紹介した赤ちゃんの実験のように、私たちは誰もが世界の中にあって、そこで世界を経験する。

つまり、物事がどういうもので、その意味は何なのかということを、私たちが共有する社会的文脈から理解すると言ったほうが正確ではないか、そのように彼は指摘する。椅子はテーブルの周りに置かれていることが多いと、私たちは知っている。だからダイニングテーブルが目に入って、周囲に何か物体があるとすれば、それは「椅子」であろうと考える。椅子は座るためのものであり、テーブル、会議、ディナー、読書、書き物などさまざまな世界とつながりがある。どれも私たちにとって意味のあるものであり、椅子を見たときに最初に目に浮かぶのは、その「意味」である。もちろん、網膜や鼓膜などの感覚器官を通じて、生の感覚データも取り込まれることは、彼も認めているが、もし椅子を使わない文化に暮らしていれば、もっと自然科学的な観察プロセスに近いことを経験するのではないか。だが、そんなことはまれだろう。椅子は何のために存在するのかを知っているので、目の前にある椅子を見るのである。私たちは、意味のあるゲシュタルト、つまりは組織化された全体を知覚するのであって、部分部分が持つ意味のない空っぽのデータを知覚するのではない。

## クリスマス料理のタマルが持つ意味

そして彼は問う。全体の感覚を失うことなく、部分に注意を払えるとすれば、それはとてつもないことではないのかと。「図」と「地」の関係で言えば、私たちが「地」に対する意識を失うことなく、「図」を分析できるのは、驚くべきことではないかと。メルロ＝ポンティは、象徴的な先人としてイマヌエル・カントやデイヴィッド・ヒュームといった哲学者を挙げたうえで、現象学を基に、彼らが注意と知覚をまったく勘違いしていると指摘する。グラスを持たされた私が、それをどのようにテーブルに置けばいいのかわかるのはなぜか。三角形を見るとき、まず線の集まりが見えて、続いて三角形が見えるのではなく、直接、三角形が見えるのはなぜだろうか。歌を聞いたときに、音波や個々の和音ではなく、旋律《メロディー》が聞こえてくるのはなぜか。知覚という経験では、メルロ＝ポンティが観察したように、部分より先に全体あるいは総体が私たちに届き、それによってどの部分を知覚するかが決まる。例えば、蒸し立ての熱々のタマル（訳注・トウモロコシ粉の生地で具を包んで蒸した伝統的なメキシコ料理で、クリスマスや復活祭によく食べられる）が家庭の食卓にあれば、クリスマスの料理という意味があるとわかる。具材となる豚肉の香りや唐辛子の粒などの細部に注意を払うことはあるが、こうした細部がそれぞれ互いに独立した個別の存在にはならない。むしろ、この料理があることで、私たちが人間関係のある世界全体に対して共感的理解を深める一助となる。クリスマスがやってきたとか、家族で一緒に食事を楽しみながらお祝いをするということに共感しやすくなるのである。タマルは、クリスマスやお祝い、物語を話してくれるおばあちゃん、暖炉でパチパチとはぜながら燃える薪のにおいなど、背景となる慣習の一部である。だからこそ、私たちの注意や知覚は並外れたものなのだ。どのような規模であろうと細部をじっくり眺めつつも、全体、つまりは各文脈にまとまりを与えるゲシュタルトを維持し続けることができるのである。

メルロ＝ポンティが好んで利用した思考訓練の一つに、鍵穴から覗くことの不思議さがある。第一に、人間の知覚は、ドアの小さな鍵穴の向こうに存在する世界との関係を理解できる。私たちの知覚は、鍵穴のように窮屈なところからでも、ドアの向こうに隠された世界の内部を見ることができるし、そこが広大な空間を持つ場であると理解することも可能だ。そして奇跡的というほかないが、鍵穴の向こうではなく、こちら側の等身大の生活での経験に即座に切り替えて戻ることもできるのだ。この、注意を巧妙に切り替える柔軟性を魔法と呼ばずして何と言おうか。そのおかげで、人間が世界に対する注意の払い方にいかに長《た》けているかを誰もが理解できるのだ。

それは、自分が対象との関わりを一切持たない立ち位置からの注意の払い方ではなく、そこに関与しながらの注意である。私たちは、顕微鏡のレンズや実験室の窓から世界を見下ろすのではなく、世界を通して、世界の中で、そして世界の内側から、見ているのである。これは、ゲシュタルト論者の科学的厳密さとセザンヌ流の芸術的な明快さの両方を合体させた哲学上の大発見だった。そこにあるのは「世界」と「私たち」ではなく、ただ世界の内側にいる私たちでしかないのだ。

## メルロ＝ポンティ哲学にどっぷり浸かる経験

知覚に関するメルロ＝ポンティの主張は、哲学の世界を大きく広げることになった。見ている自分自身をどのように見るのか――。この点に対する意識をもっと高めると、彼が言わんとしていることが初めて経験できる。人間は、共有された意味の世界に生きていて、こうした「全体」（ゲシュタルト）がさまざまな社会的文脈の集まった没入型構造を作り出している。

「世界」や「社会的知識」などの言い回しは、抽象的ではっきりしない可能性があるため、私は、こうした知覚上のゲシュタルトについて意識を高めるにはどうすればいいのかを常に模索している。幸いにも今の時代は、３次元の時空間を使ってメルロ＝ポンティ哲学にどっぷり浸かる経験をさせてくれる凄腕のビジュアルアーティストがいる。タキストスコープを完備した実験室に出入りできたり、南フランスで同じ山を描いた数々の絵画を鑑賞できたりする人は多くないが、私たちが自ら外に飛び出せば、見ている自分自身を見ることは誰でもできる。私たちの周囲にも、ルッキングラボ代わりになる場はいくらでもあるのだ。とにかく外に飛び出し、見つければいいのだ。

# 現代の3人の芸術家がつくるゲシュタルト

## しきたりや常識にとらわれずに見る

### スカイスペースは現代版の知覚研究室

テキサス州オースティンのホテルで、目覚まし時計が朝4時に鳴った。ベッドから出た私はテキサス大学のキャンパスに向かうことになっていた。出発までには、まだ1時間ほどある。同大学にできたばかりの学生活動センターの屋上には、光のアーティスト、ジェームズ・タレルの手がけた作品があるのだ。「スカイスペース The Color Inside」（内なる色）と題したインスタレーション作品は、一見すると何の変哲もないしろものだった。白い円筒形の建造物で、かまくらのような開口部の入り口がある。中に入ると、壁沿いにぐるりと木製のベンチが置かれている。見上げると、天井の中心が卵形にくりぬかれていて、そこから空が見える。ここで鑑賞者は、空と直接接触する経験をする。この芸術作品は、居住用の建物でもないし、いわゆるドーム形の構造物でもない。これといった骨格もないし、この作品自体の中心と言えそうなものもない。作者のタレルからは、招待状代わりに、光の経験に没入してほしいと言われただけで、ほかには何も聞いていない。実際、この作品の内部に入れば、否が応でも自分の知覚を意識せざるを得なくなる。この意識こそ、優れた観察の土台となるものだったのだ。

この、天井に卵形の穴が開けられた作品に到着した時点では、まだ午前5時にもなっていない。建物を包む世界は湿度と暗さでずっしりと重く感じた。日の出まではずいぶん先だ。この構造物内部の木製ベンチに陣取り、壁にもたれた。そこから落ち着いて頭上を眺める。この体勢だと、天井の穴には暗い空が見える。見上げていると、まるで夜空がぐっと引き寄せられて天井を作っているように感じる。暗い夜空の星もすぐそこにあるように感じる。まるで天井に飾られた絵画を見ているようだ。だが、この室内で別の光も経験していた。タレルは、天井の穴の周囲の色を巧妙に計算された照明デザインで変化させていたのである。時間が経過していく。深い紫色の夜空が徐々に……おやっ、どういうことなのだ？　空が不自然な黄色に見えるではないか。穴を囲む天井の照明も変化していく。今度は空がオレンジ色に変わったではないか。天井の穴から見える空と、それを取り囲む天井の色が次々に変わっていく。運動のような経験ではあるが、私は動いていない。いったい何が起こっているのか。

まるで空が天井の穴から入り込み、私の身体に迫り来るように感じる。何かの力で空が押し下げられているかのようだ。だが、そのとき、天井の穴を横切るように一羽の鳥が飛んでいった。その瞬間、すべてが変わった。空はそこにあるのではなく、実ははるか遠くにあると知覚した。

この変化は、ヴェルトハイマーがフランクフルトのルッキンググラボで研究に力を注いだ「ゲシュタルト」と同じものだった。ただし、1世紀も前に行われた実験とは違い、タレルの作品であるスカイスペースは、現代版の知覚研究室である。天井の穴を見上げると、私たちの脳は全体を知覚し、その後、欠けていたり曖昧だったりする視覚情報を、私たち自身が持つ世界のマップで補完していく。視界を横切る鳥の動きを知覚したとき、私の神経系は、その刺激を独立したデータとして取り込まなかった。私の知覚では、当初は空が天井と同じくらい近いところにあるという全体を経験していたのだが、たまたま通過した鳥の出現とともに、空ははるか遠くにあるという別の全体へとただちに変化した。

タレルが築いた小さな構造物の外に出てみると、ふだん目にし、体感する夜明けを経験した。この「夜明け」は、なじみのあるもので、ほっとさせてくれる。淡いピンクとも黄色ともつかない朝もやは、まさに私が期待していたものであった。くたくたになるほどの「見る」というプロセスを停止して構造物から飛び出せば、惰性に任せた知覚に戻ることができる。これが私たちの日常生活の経験であり、実になじみのある習慣である。そう、これぞ

「夜明け」である。だが、再びインスタレーション内部で天井の穴を見ると、私の全身が混乱に陥る。私が過去に経験したことのある夜明けのいかなる解釈とも合致しないからだ。そこでこんな疑問が浮かぶ。「夜明け」の社会通念とは何か。そして「夜明け」の現実とは何か。タレルは、天井の穴の眺めをLED照明のように単純なもので操作するだけで、私が知っている空というものの文脈全体を変えてしまったのである。

## 知覚に対するジェームズ・タレルの関心

ジェームズ・タレルは、1960年代にロサンゼルスで光のインスタレーションの制作に乗り出したが、知覚への関心は学生時代に始まった。ポモナ・カレッジで知覚心理学を研究しているころ、メルロ＝ポンティの『知覚の現象学』と出会い、想像力を掻き立てられた。タレルは、カリフォルニア生まれのクエーカー教徒。ベトナム戦争の際には良心的兵役拒否者となり、パリのセーヌ川左岸地区で活躍する学者・作家であるメルロ＝ポンティに親近感を覚えていた。私たちが目にするものは、私たちを取り巻く現実の世界にあるものを直接反映したものではないというのが、メルロ＝ポンティの解釈だったからだ。知覚は、私たちの内部だけで発生するものではない。自分が何者で、世界のどこにいるのかを反映して、見るものが変わる。

タレルがスカイスペースに採用した光と色のおかげで、私たちは、メルロ＝ポンティの哲学を具体的に探索できる。知覚なしに、色は存在しない。光波に色はないが、目と脳を介して身体に入った瞬間、色を帯びる。印刷関係者が使うカラーチャート（色見本帳）にある特定の色を私たちは赤色と呼んだとしても、フェラーリや米国旗の赤色とはまるで違う。仮にその色見本と同じだったとしても、なぜ私たちは、これらの赤色をまったく違うように経験するのだろうか。

今、自分が座っている場所で室内を見回してみよう。目に見える色をどのように経験しているのか注意を払ってみる。私たちは、色について何らかのイメージを持っているが、そうしたイメージは、型にはまったものであるだけでなく、明らかな誤りであると考えたことがあるだろうか。色との遭遇をもっと正確に記述したいのであれば、空は青いとか草は緑といったありきたりの表現から脱却しなければならない。私たち自身の知覚をテストする必要があるのだ。

都合のいいことに、私はどの芸術家がこの手のルッキングラボを実現してくれるのか、ずばり知っている。

## アート教育とは経験を哲学的に明らかにすること

私は、セス・キャメロンというアーティストに直接会って、作品をじかに経験させてもらう約束をした。向かった先はアトリエでも天井の高いロフトでもない。入り口の呼び鈴を鳴らす。そこは、最近までマンハッタンで人気の子供美術館（ＣＭＡ）が入居していた場所である。セスは、ニューヨークを拠点に活躍する人気アーティストであるが、著名な芸術教育者でもある。２０２０年にはＣＭＡの常任理事に任命されている。中に入ると、引っ越し用の段ボール箱があちこちに積まれ、10年以上、子供たちがアート実験を楽しんだ展示品も撤去されている。セスによれば、数ブロック先に移転するとのことで、新しい場所では近隣のアート関連組織との提携にも力を入れるという。新たに常任理事に就任し、生活でのアートの役割について、自分のアイデアを試す機会が増えたそうだ。

アートとは具体的に何を意味するのか、アートはどうやって経験するのか。アート教育はアイデアやテクニックの指導に特化すればいいのか、それとも子供たちが世界を知覚したときに、その知覚の中に存在する日常のアートを発見するように導くべきか。おそらくはアート教育というものは、経験を哲学的に明らかにすることにほかならない。背景となる喧騒の存在を観察し、そこに光を当てることなのだ。

セスが探求する分野の一つに、色の経験の仕方が挙げられる。彼の場合、アーティストとアート教育者の両方の立場から、自分の作品でこれを探求している。このような関心は、母親譲りなのかもしれない。母親は幼稚園の先生だったため、園児たちに色を教えるのも大事な仕事だった。「でも、母はカラーホイール（色が塗り分けられた円盤）を見せながら『これが緑で、これは赤』というふうに色を教えていました。それは色ではなくて、物に名前をつけているだけなんです。円盤上に並んだ恣意的な名前は、私たちの経験に合わない色になってしまいます。赤を見て青と思う子がいたら、それは間違いで片付けられてしまう。でも、私たちの目はそんなふうにできていません」

セスの態度は思慮深く謙虚だが、芸術の哲学に話題が変わるや、熱を帯びた語り口に変わっていく。カラーホイールのような抽象化を許すと、子供たちはもちろん、誰もが日常の芸術経験をとことん楽しめなくなるとセスは憤慨する。タレルのスカイスペースを訪ねたことを告げると、セスは満足そうな表情でうなずき、次のように語る。

「イメージの文化に異議を唱えてきた芸術家は昔から数多くいますが、タレルもその一人です。絵画の見方を知らない人が多いですね。描かれたイメージを見るものだと思っているんですよ。壁に掛かっている絵があると、ついついそういう関係で見てしまう。抽象的な作品と捉えてしまうんですね。でも、絵画の醍醐味は、錯覚を楽しむ空間と捉え、壁に何か掛かっていたら、すぐにそこに錯覚があると受け止めることなのです。自分の意向とは関係なく、空間を見ることなんです。ところが、芸術家でもない限り、ほとんどの人は、それが抽象画であったとしても、絵画の真正面に立って見ています。なぜそんなことをするのか。そこにイメージはありません」

話をしながら、暗い部屋の前を通り抜け、積み上がった段ボール箱の間を縫って薄暗いスペースにたどり着いた。以前、美術館のロビーに使われていた場所だ。そこにセスの水彩画が掛かっていた。実は、私が訪問した目的は、この作品だ。ジェームズ・タレルの光の探求とセスの色への感受性という2つの点を結ぶ手がかりを探していたのだ。私は、まだこの作品の色を認識もしていないのに、絵に近づきながら、ただちに私たちが壁に掛かった額に合わせて体の向きを調整していることに気づいた。何も言わず、2人とも目の前にあるものを知覚するのに最適と思われる位置を探していた。2人並んで絵画と対峙する。額から180センチほど離れた位置に本能的に黙って並んでいた。

## 「最適把握姿勢」とは何か

メルロ＝ポンティは、この体の向きを「最適把握姿勢」と呼ぶ。セスによれば、私たちはどのような芸術作品に対しても体の向きを合わせるが、とりわけ、ある絵画作品は、こうした最適把握姿勢のとり方やその理由が際立っているという。それは17世紀のスペインの巨匠、ディエゴ・ベラスケスの「宮廷の侍女たち」だ。これがまるで数学のパズルのような作品なのである。この絵画の中にはいくつかの視点があるが、鑑賞者から見て、絵画の中の鏡に映っているものが明らかになる鑑賞位置は1つしかない。

これについてセスは、メルロ＝ポンティが説いた最適把握姿勢の好例と指摘する。鑑賞者に立ち位置を教えてくれる作品なのだ。「鑑賞者の身体も、経験の一部になっている」とセスは言う。

「マドリードのプラド美術館でこの作品を鑑賞している人々を見ると、自然に一定の距離を取って見ていることがわかります。鏡に映った像を見られる正確な位置を見つけたときには、すでにほかの鑑賞者がその位置にいることに気づくはずです。その位置にいる鑑賞者は、脳がそれに気づいているわけです」

私も、セスの絵画を前に自分の体の位置を合わせていた。大きな縦長の長方形の作品で、暗い色一色で塗られているように見えるが、やがて紫色の正方形が縦に2つ浮かび上がってくる。やがてセスは、私が見ているものの正しい構造を説明してくれた。

「2つの正方形が見えてくるでしょう？　作品自体の縦横の比率は2対1で、だいたい私たちの体のサイズに合わせてあります。これは姿見をイメージして描いたものなのです。同時に、どこに立つべきか鑑賞者を支配するメカニズムも持っています」

私は、自分の肩に最適把握姿勢を感じることができた。体が自然と動き、私の前にある色を知覚していた。それこそが、その場で経験すべきものだったからである。セスの作品は大きな鏡のように縦長の長方形の枠の中に色があるだけである。最初に作品に近づいて向き合ったときは、作品全体の色が紫系に見えた。カラーホイールにあるような典型的な紫ではない。漫画に出てきそうないかにもブドウというような紫でもなくて、もっとくすんだ紫で、濃厚さがあり、そこに新しく生まれたばかりの形が浮かび上がる。日の出前に目を覚まし、暗闇を手探りで進もうとしているときのような紫である。

2人で立って作品を経験していると、色が変化し始めた。作品中央で緑色に見えていた横長の長方形の存在感が増してきたのだ。そして紫の感覚が遠ざかっていく。すると絵の縁あたりに青が現れた。こうした経験は、私たち2人に同時に起こっている。私たちには、この色はこういうものだとか、あの色はこういうものだといった記憶や考えがあるのだが、目の前の形と色は、まるで違う。私たちの経験は、身体的な反応だったのである。私はニューヨークのダウンタウンにあるビルにいたはずだが、まるでヴェルトハイマーの仮現運動の実験の世界に連れ戻されたような気がした。誰もが運動のファイ現象を経験するように、セスの作品でも、まったく同じように色や形が現れては消えていく様子を観察できるのだ。

## 目の前に何が現れるか鑑賞者に委ねる作品

セスに言わせると、この経験こそ、芸術の始まりだ。私たちが注意を払っていると、時間の経過とともに色や形が生まれ出てくる。色を実際に経験することは誰でも可能だし、それはカラーホイールの色とは無縁の世界だ。絵画が表現するイメージとも物語とも、明らかに違う。

「プロセスは単純なんです」とセス。

「パネルに水彩紙が置かれていて、水で溶いた水彩絵の具を塗っていくと、水は紙に吸収されてしまい、糊料（色を紙に定着させる材料）もなくなります。絵の具の表面に糊料が残る油彩やアクリル画と違い、水彩ではストローク（運動感のある筆づかい）も絵の具の表面もありません」

セスにとって、油絵のように絵の具の表面がないということは、各鑑賞者がどういうふうにこの絵の色を経験するかが芸術になるのだ。作品の来歴やそれにまつわるストーリーを取り除けば、油絵のような最初の一塗りはどこから始まり、どの部分が最後に完成したのかなど、直線的な解釈はない。だから作品が入り口になるのだ。額に収められたものは、これから何が現れるのか見てくれという、すべての鑑賞者に向けた招待状なのである。私の前にある長方形は、まるでパンの生地発酵に使う酵母のような存在で、これが呼び水となって現象が起こるのである。

セスが言う。

「通常、絵を描くときは頭にそのイメージがあります。でもこの絵画シリーズには、頭に描くイメージがありませんでした。経験そのものなのです。アトリエで一日中この作品を描いて、照明を消したら、仕事の内容を何も覚えていなかったんです。その日に描いたものが頭にまったく残っていなかったんです。翌日、アトリエに戻って作品を見て、毎日同じ時間をかけて、自分の目が再調整されて戻ってくるという経験をしました」

セスが絵の中央にある色を指さす。

「あそこに4つの象限に囲まれた青い四角形があるように見えます。でも、ここから離れて黄色いものを見てから戻ってくると、わずか10秒で例の青い四角形は消えています。10秒経たないと、私たちの目に再びあの四角形が見えてこない。この作品を見るたびに、必ず10秒待たなければ青い四角形は見えないのです」

私にとっても、セスにとっても、読者にとっても、実に興味深いことだ。誰もが10秒待たなければ青い四角形が見えないのだから。彼の作品は、誰にも当てはまる経験があることを示している。主観的ではなく、客観的でもない。経験の共有空間で起こる真実なのである。ヴェルトハイマーがルッキンググラボで手がけた実験と同じように、セスの作品は、カラーホイールにあるような色が正しいといった考え方から脱却する道を示している。優れた観察とは、慣習にとらわれず、目の前の実際の経験を見ることに始まり、それを見ることに終わる。「目を向けるんです、そのもの自体に」

## ミニマリズムの芸術家ドナルド・ジャッド

ジェームズ・タレルも、セス・キャメロンも、どうすればもっと本物の光や色の経験に近づけるかを教えてくれた。だが、日常生活での人間の経験には、先入観だけで済まされている一面がある。例えば、空間をどう知覚するのか。特定の物体でさえ存在せず、周囲に存在する空間自体が芸術作品だとしたらどうか。そのような空間にもっと注意を振り向けるにはどうすればいいのか。そして目の前で展開する様子を見る体験はどのような感じなのか。こうした疑問に駆り立てられたからこそ、メルロ＝ポンティは、部屋に入るときや飲み物をテーブルに持っていくときに、私たちはどのような経験をするのかと問うたのである。こうした疑問について、かつてないほどの精度で考察する方法を体得した芸術家がいる。キュレーターや美術史家の間では、彼はミニマリズムの芸術家と呼ばれる。作品に直方体やブロックといった限られた物体しか使っていないからだ。もっとも、本人はこう呼ばれることに煩わしさを感じていた。作品をミニマル（最小限）に表現しようと思ってやっているわけではなく、「複雑な思考を簡潔に表現」しただけだったからだ。彼の名前は、ドナルド・ジャッド。彼の作品は、私たちが空間で自分の身体を知覚する方法を変えてしまった。

## 表現媒体としての絵画の限界

ジャッドは、1928年にミズーリ州の小さな町で中西部の平凡な家庭に生まれた。1940年代は米国陸軍でエンジニアとして軍務に服した。この時期に初めて建築物の図面作成を厳密に検討するようになったという。1950年代、コロンビア大学で哲学に関心を持つようになる一方、アート・スチューデンツ・リーグ・オブ・ニューヨーク（アマチュアからプロまで幅広く受け入れる美術学校）で絵画に打ち込む。ジェームズ・タレルをはじめ、同時代の芸術家と同様に、ジャッドは表現媒体としての絵画の限界に不満を募らせるようになる。自分の目標に対して、あまりに窮屈だったのだ。人生のひとこまを切り取るような表現術を望んでいたわけではない。例えば前出のベラスケス作の「宮廷の侍女たち」のように、抽象的な遠近法表現を盛り込んだ旧世界の欧州絵画に見られる隠し芸的細工だ。むしろ、ジャッドは描くという行為そのものからの完全なる脱却をめざしていたのだ。キャンバスに空間を描写するのではなく、空間をもっと直接的にリアルタイムに経験する芸術は可能か、と彼は自問した。空間を通じて身体をどのように経験するのか。

ジャッドの作品で私が初めて衝撃を受けたのは、コネチカット州ニューケイナンにある建築家フィリップ・ジョンソンの「グラスハウス」でのことだ。私は、建築やデザインの愛好家が数多く訪れる現地で、１９４９年制作のグラスハウスを見学し、幾何学的配置と調和へのジョンソン流のアプローチを経験していた。グラスハウスの大部分はガラス製で、壁は透明だから、ガラスと風景の間には、「内側」も「外側」もない。グラスハウスの完成時にジョンソンが「ずいぶん高価な壁紙だ」と冗談を飛ばしたことはよく知られている。

私は、グラスハウスに向かって歩きながら、その透明感に注目していると、何かが目に飛び込んできた。明らかにアート作品なのだが、地面から突き出すようにコンクリートの円柱があり、ここの建築作品の世界によくなじんでいるように見えた。その作品に近づいていく間は、２次元の物体のように見えていた。だが、さらに近寄ってみると、衝撃的なことが起こった。その作品に対する最適把握姿勢の位置を見つけようとしているうちに、その物体が

この度はご購読ありがとうございます。アンケートにご協力ください。

| 本のタイトル |
| --- |
| |

●ご購入のきっかけは何ですか?(○をお付けください。複数回答可)

1 タイトル　2 著者　3 内容・テーマ　4 帯のコピー
5 デザイン　6 人の勧め　7 インターネット
8 新聞・雑誌の広告（紙・誌名　）
9 新聞・雑誌の書評や記事（紙・誌名　）
10 その他(　）

●本書を購入した書店をお教えください。

書店名／　（所在地　）

●本書のご感想やご意見をお聞かせください。

●最近面白かった本、あるいは座右の一冊があればお教えください。

●今後お読みになりたいテーマや著者など、自由にお書きください。

どうもありがとうございました。

郵 便 は が き

おそれいりますが
切手を
お貼りください。

1 0 2 8 6 4 1

東京都千代田区平河町2-16-1
平河町森タワー13階

# プレジデント社

## 書籍編集部 行

| | | | |
|---|---|---|---|
| フリガナ | | 生年（西暦）<br>年 | |
| 氏　　名 | | 男・女 | 歳 |
| 住　　所 | 〒<br><br>TEL　　（　　） | | |
| メールアドレス | | | |
| 職業または<br>学校名 | | | |

ご記入いただいた個人情報につきましては、アンケート集計、事務連絡や弊社サービスに関するお知らせに利用させていただきます。法令に基づく場合を除き、ご本人の同意を得ることなく他に利用または提供することはありません。個人情報の開示・訂正・削除等についてはお客様相談窓口までお問い合わせください。以上にご同意の上、ご送付ください。
＜お客様相談窓口＞経営企画本部 TEL03-3237-3731
株式会社プレジデント社　個人情報保護管理者　経営企画本部長

3次元に切り替わったのだ。そして目の前で空間が大きく広がって面に変わるのを目にした。まるでジャッドがドアを開けてくれたかのようだ。知覚が捉えた不思議な玄関口であり、目に見えないけれど、そこに存在している。時間をかけて見ようと思えば、誰にでも見える。

## 徹底した計算に基づいて設計された作品

後ろに下がると、また2次元に戻る。前に進むと、3次元。下がると、2次元。この作品の周りを動きながら過ごす時間が長くなるほど、この変化の精度がますます理解できるようになる。

何十センチとか何センチではなく、何ミリという精度で瞬時にゲシュタルトが現れるように設計されていたのだ。私が意味を問うことから目を逸《そ》らそうとしても、セメントの滑らかな表面がそれを許さない。人体とか、鳥とか、いかなる表現にも見えないように作られた作品なのだ。この作品は、ゲシュタルトの変化というたった一つの経験を示すために存在していたのである。ジャッドは、徹底した計算に基づき、鑑賞者が特定の位置に立ったときに円筒の形状が姿を現すように制作していた。

前に出たり、後ろに下がったりしながら、最適把握の位置を探し、2つの次元の間を行ったり来たりする。後に残ったのは、思いがけないほどの楽観的な気分だ。一見すると単純なコンクリートの作品が深層の知覚を増幅するからだろう。ジャッドには、「Untitled」（1971年）という作品もある。大型の単体コンクリート作品としては彼が最初に手がけたものだ。この作品と遭遇した私は、大きな刺激を受けた。私たちの知覚に対するメルロ＝ポンティの探求に似ていて、私は彼の取り組みをもっと調べたくなった。ニューヨークシティから北に1時間のところにディア・ビーコンという現代アート美術館がある。私は即座にそちらに向かい、ジャッドの作品を経験した。ここでジャッド作の「Untitled」（1975年）と「Untitled」（1991年）という2つの作品の前に立った。

どちらの作品も、机の引き出しのような薄い合板製の箱が壁から前方にいくつも突き出ている。すべての箱が直線的に、格子のように縦も横もきれいにそろえて整然と配置されているため、どの箱が重要かといった解釈は不可能だ。素材はコンクリートではなく合板だが、2次元が突然3次元に広がる効果は、いつ近づいても同じように表れる。前に進んだり、後ろに下がったり、体の向きを変えたりして、この物体を知覚した。最適把握の位置はどこだったのか。そんなものは存在しなかったのかもしれない。あるいはそれを探そうとすること自体が、この芸術の目的だったのか。ジャッドがメルロ＝ポンティの哲学に直接影響されたということはないだろうか。私は、答えを求めて巡礼の旅に出発した。

## 芸術の聖地となったマーファ

テキサス州西部のチワワン砂漠の高原にある小さな町、マーファに向かう。この旅には、十分な時間とたっぷりの忍耐力が必要になる。この町は、エルパソにある最寄りの空港からでも3時間かかる。同じ州内のオースティンやサンアントニオといった大都市から車で向かおうと思えば、少なくとも6時間はかかる。ジャッドはアート制作の新たな手法を求めて1979年にこの町にやってきた。当時、ジャッドは、ニューヨークの1970年代のアート界の有力者に対しても、キュレーターやエージェントに対しても幻滅していたという。アトリエからアートを持ち出し、ギャラリーやオークションハウスに飾って商売のネタに変えてしまった張本人たちだからだろう。ジャッドは、芸術や芸術制作のもっと本物らしい経験を求めていたのだ。

「ほとんどの芸術はもろいもので、[22]一度置いたら二度と動かすべきではないものもある」と、後にジャッドは作品の紹介文に書いている。

「現代アートの一部は、芸術やその文脈の言わんとすることを示す例としてどこかの場所に存在する必要がある。プラチナ（白金）とイリジウムの合金製メートル原器のおかげで巻尺の精度が保証されているように、この時間と場所の芸術に対してもどこかに厳格な尺度が存在しなければならない」

マーファのどこまでも広がる大空、遠くまで低く続く地平線、物悲しげな茶色と紫色の月面のように荒涼とした大地は、まさにそんな「どこか」にぴったりだった。ジャッドは、フォートD・A・ラッセルの陸軍施設跡地を含む約138万平方メートルの土地を手に入れた。この広大な空間の中に、15以上の屋外作品を制作し、大砲の旧格納庫には、100種類以上のアルミニウム製作品を制作した。1986年には、ジャッドがディア芸術財団と提携し、非営利の芸術団体チナティ・ファウンデーションを設立した。このファウンデーションは、マーファにあるジャッドの作品に加え、光のインスタレーションアーティスト、ダン・フレヴィンら、同時代の作家の作品も所蔵している。

2020年の晩夏、すすけたような色のデイビス山に向かって長時間、車を走らせた末に、ようやくマーファにたどり着いた。ジャッドが最初の構想を掲げてから数十年の時を経て、マーファは数々のレストランやフードトラック、アート系書店、高級なシャンプーやボディウォッシュを備えたグランピング施設までが集まる芸術の聖地となった。夜間人口わずか2000人にも満たない町にこれだけの施設が集まったのである。マーファでも特に写真撮影の人気スポットとなっている作品は、品のある白い箱形のブティック風の建物だ。看板に高級ブランド「プラダ」の名が掲げられた疑似店舗である。チワワン砂漠の高原へと続く寂し

い道沿いには、ほかに店も構造物も何も見えない。

ジャッドの作品が一過性のブームに終わると考える人がいても不思議ではない。だが、敷地内に次々と現れる15の巨大なコンクリートの構造物に近づくたびに立ち止まり、ほっと息をつかずにはいられない。高さ2・4メートル×奥行き2・4メートル×幅5メートルの中空の構造物は、低木の茂みや多肉植物、ときにはヘビが這い回る荒涼とした砂漠という文脈なしには経験できない。これは純粋な芸術ではない。文脈から切り離され、美術館の台座に鎮座する貴重な作品とは違う。ジャッドの巨大なコンクリートの箱は、風景の中にあり、風景の一部であり、計算し尽くされたラインに沿ってきれいに整列するように配置されていて、これをどう知覚するか注意を払えと、私たちに挑戦状を叩きつけている。

ここでは注意の払い方こそが、最終的なゴールなのだ。ジャッドが私たちに挑んでいるのである。では、こうした作品をどう見ればいいのか。どこに立てば、一体性のある全体を見つけることができるのか。私たちの身体は、この作品群に対してどう動くのか。それぞれの箱の間にある空間を、どう見るのか。

## メルロ＝ポンティ哲学に影響を受けた作品

私は、作品に近づいていくと、自然に体が作品とまっすぐに並び、最適把握の位置を見つけようとする。作品の向こう側に見える風景を覗くことができる一体化された額となるからだ。正確な位置を見つけ、コンクリートの箱を通して向こうに見える一つのイメージを覗いて安心感を覚えた。すると、私が覗いていた額の向こうを、ほかの団体客が通り過ぎ、ゲシュタルトが変化した。ジェームズ・タレルのスカイスペースの場合と同じように、ジャッドの作品も、砂漠の風景の中で、額に囲まれたイメージから、遠くを通過する人々のイメージへと強制的に連れていかれる。

コンクリートの箱の周囲を歩き回っているうちに、作品を上から眺めてみたくなった。箱は全体的に一定の規則で配置されているのだろう。それを知覚的に捉えて、統一感を覚えたかったからだ。それでも、ジャッドは、そのような経験を許してくれない。チナティ・ファウンデーションがドローンによる構造物の空撮を認めていないことも偶然ではないだろう。ここにある作品群は、時空間で人間に「見られる」ことを目的としている。コンピュータ処理のカメラを操作して上空からイメージを捉えることは、その狙いから完全に外れるのだ。そのような経験には、私たち、つまり人間の身体が存在しないからだ。

ここにあるシンプルなコンクリート構造物の内部に入り込んだり、周囲を歩き回ったりしていると、立ち止まる一つの場所があるわけではなく、理想的な立ち位置もない。その経験は、思いがけず錨を失った船のような感覚になる。この混乱は、ジャッドがメルロ＝ポンティの哲学を芸術的に解釈した結果だったのだろうか。

コンクリート構造物の中を通り抜け、ジャッドが「ザ・ブロック」と命名した施設に移動した。この建物群には、ジャッドのライブラリーの大部分を収容する部屋がある。コンピュータのソフトウエアにたとえて言うなら、今、外で経験してきたことがソフトウエアであり、このライブラリーにあるのが、その〝ソースコード〟（ソフトウエアの設計図）とも言うべきものだったのである。ジャッドの作品は、一見するとシンプルな構造なのだが、ここにあるライブラリー、著作、メモなどを見ると、彼がメルロ゠ポンティ哲学に影響を受けたことがわかる。ジャッドがコロンビア大学で学んでいたころ、プラトンをテーマにした論文を書いていたのだ。論文でジャッドは、プラトンが真の知識に重点を置いていることに異議を唱えていた。プラトンは、抽象的で理論的知識が、世界で経験する混乱した現実とは別に存在するという考え方を示していた。初期の論文を見ても、ジャッドがそうした考え方に嫌気がさしていたことは明らかだ。創作活動から作品だけを切り離して、どこに展示してもいいわけではないのと同じように、文脈を認識せずして普遍的真実は知覚できない。

このように、ジャッドは、ゲシュタルト理論派がかつて思索を巡らせた錯覚に対して、美や優雅さを備えた答えを提示している。例えば、フィリップ・ジョンソンのグラスハウスにあるコンクリート製の円筒は、有名なアヒルとウサギのだまし絵（見方によってどちらにも見える錯視）の経験に似ている。まるでアヒルからウサギへと変化するように、2次元から3次元へ、次元の間を行ったり来たりできるが、同時に両方を見ることはできない。ジャッドは、自らの作品を通じて、プラトンに異議ありと訴えているのだ。プラトン的理想はない、普遍的真理はないと言いたかったのだろう。唯一の真理は文脈に依存するということだ。1分間、ウサギが真実でも、次の1分間はアヒルが真実になる。「図」を理解するには、その背後にある「地」と対照させて「図」を捉えなくてはならない。ある人物を知ろうと思えば、その人物がいる世界の中で理解しなければならない。

ジャッドの芸術にあるように、こうしたコンクリート形状を、それが置かれた砂漠の高原という世界から切り離して「見る」ことは現実的にありえない。１９６４年に書かれた小論の中でジャッドは、「全体としての物、全体としての特質におもしろみがあるのだ」と端的にビジョンを語っている。[23]

## 私たちの知覚の中に現実が存在する

タレルのスカイスペースから見える空、紫が緑、青、黄へと変貌するセスの水彩画、砂漠にある15のコンクリート製の箱で繰り広げられる空間を見るときの感覚。いずれにも共通して言えることがある。私たちの知覚する真実は、ありふれた思い込みよりもはるかに奇妙で、しかも興味深いということだ。仮現運動研究しかり、プロヴァンスの丘しかり、テキサス州西部の埃っぽい低木の茂みしかり。こうした一つひとつの〝ルッキングラボ〟が、「何が見えるか」と私たちに問いかけている。

日常生活での知覚をもっと正確に経験するにはどうすればいいのか。一例としてフィルムカメラで夕暮れの風景を撮影する場合を考えてみよう。フィルムカメラを使ったことのない人のために説明しておくと、ネガフィルムでも現像した写真でも夕暮れの色は黄色がかった色として記録される。この黄色がかった色は機械が捉える「客観的」現実だ。何らかの価値も勘案することなく、ただ伝わってくる光を捉える光学機器らしい現実である。だが、人間の経験には、そのような黄色味はまったく含まれていない。私たちの知覚には、色の「定数」というべきものがある。だから、夕日は単にいわゆる「夕日」として捉え、いちいち色の違いに気づくことさえなく、色を補正して把握している。最近のデジタルカメラには、「ホワイトバランス」という独特の機能（光源の色による影響にかかわらず、白いものが白く写されるように調整する機能）があり、これが色補正によく似ている。だが、外界を技術的に記録したものと、私たちが経験する世界の違いを説明するうえで、アナログカメラの例がわかりやすい。ここに、つまり私たちの知覚の中に、現実が存在するのだ。

芸術家はこの事実に特別に敏感だが、誰でもその才能に学ぶことができる。こういう経験ができるルッキングラボが身の回りにないか探してみるといい。なんなら、自分自身のラボを作ってもいい。スマートフォンやPCからしばし離れて、現実の自然界に飛び出し、見回してみよう。お決まりの表現とか、しきたりとか、色補正など、あらゆるフィルターを捨て去るのだ。純粋に見るという行為に注意を払ってみよう。「そのもの自体に」向けるのだ。目の前に何が現れるだろうか。

## 「注意する」とはどういうことか

今から60秒間、空間に置かれた自分の身体を経験してみよう。手に書籍があるとか、外から聞こえてくる音が聞こえてくるとか、両足が座席やソファに触れているといった感覚を考えてみよう。皮膚にどのような感覚があるだろうか。何が聞こえるだろうか。書籍のページをめくる位置を手が覚えているとか、電車で隣の人との距離の取り方を体がわかっているとか、今、あなたが経験していることは、非常に深いレベルで知覚していることなのである。これこそ、私たちが世界にどのように注意を払っているかを示している。

バラの花を考えてみよう。庭師と、インテリアデザイナーと、これからデート中にプロポーズを考えている人とでは、バラに対する注意の払い方はまるで違う。庭師は、植物・花の世界でバラを捉え、土壌や肥料、剪定、病害虫対策の知識を駆使して、世話をし、花を咲かせる準備に力を注ぐ。インテリアデザイナーは、クリスタルの花瓶に挿してキャビネット上に置いたときにどう見えるか、その高さや色は、配置したばかりのアンティークミラーのゴールド部分と引き立て合う関係になっているかといった点に注意を払ってバラを見ている。プロポーズしようと決意してデートに出かける人がバラを見るときは、今晩のデートに適した花か、恋人への忠誠心や情熱を表現するものか、それともちょっとオーバー過ぎるかといった点に注意を払う。

三者三様の世界にバラは存在し、それぞれに注意の払い方が違う。例えば植物学者なら、バラの性質に注目し、顕微鏡でしか見えない花弁上の微細な菌類の存在に着目するだろう。このように科学的なレンズを通した注意の払い方は、現代の生活にとって意義のあることだし、有益である。だが、メルロ＝ポンティに言わせれば、科学者による注目という知的なアプローチは、バラに対する社会的な理解に比べれば、私たちの知識の基本となるようなものではない。哲学の伝統は、数百年間にわたって、この点について私たちを間違った方向に導いてきたことになる。注意は、知的経験ではない。科学は、バラについて何かを教えてくれるはずだが、バラに対する私たちの関係性は何も示されない。私たちの世界で、バラは私たちにとってどのような意味を持つのか。

## 環境照明なしに注意というスポットライトは存在しない

照明デザインにたとえると、この話はもう少し具体的になる。照明デザイナーは、目的に合わせていろいろなタイプの照明を選んでいる。例えば、針仕事や読書などの作業には、狭い範囲を明るく照らすスポットライトなどの照明が適している。注意の払い方に関する従来の考え方は、まさにこのスポットライトのようなものだったと言える。照明の光が当たった中にあるものこそ重要であり、それ以外の世界は無関係、的外れと片付けられる。従来の感覚で注意を払うということは、スポットライトの当たった部分だけに集中することである。実際、科学者は、「バラに注目」というスポットライトを当て、光の当たる範囲内のものだけに注意を払う。

だが、メルロ＝ポンティが言うように、私たち人間の注意という経験は主にデザイナーや建築家が使用する、いわゆる環境照明に似ている。「アンビエント照明」とも言われ、室内全体に基本的な明るさをもたらす照明で、広範囲に拡散した光で部屋を満たす照明だ。環境照明は、室内全体を明るくする照明として、背景と前景の両方が対象になる。部屋に入ったとき、私たちはこうした環境照明の存在をいちいち気にしない。足元の床を気にしないのと同じだ。あって当たり前のものであり、注目する理由もないからだ。

室内全体など広域を照らす環境照明は、何の変哲もない日のほとんどの時間に私たちがどう注意を払っているかに似ている。あまりに当たり前で、それを分析しようと思うこともない。それどころか一般的に認識されてもいない。世界を動き回り、表通りを歩き、友人や近所の人とすれ違い、車や自転車に乗ることもあれば、徒歩のこともあるし、座っていることもある。この注意の払い方が一種の「粘着性」をもって発生することを初めて示唆したのがメルロ＝ポンティである。言い換えれば、私たちを取り巻く世界に私たち自身が絡みついて粘着している存在ということだ。日常での注意の払い方を慎重に記述してみるとわかるのだが、常に私たちを取り巻く全体が環境照明的な注意に満たされていることに気づくはずだ。

しかし、注意に関する文化的な議論では、特定のものに着目し、他のあらゆるものを排除するスポットライト的経験に関するものが大半を占める。例えば、子供のころに文章の読み方を習ったり、顕微鏡でスライドガラス上の細菌を観察したりしたと思うが、そのときはいわばスポットライトが当たった先だけに注意を集中させる。だが、このように視線を集中させることで見落とすものもある。そもそも私たちは、絶えず環境照明によって真っ先に注意を払っているという事実だ。実際、文脈に幅広く注意を払わずに、見たり注目したりすることなどありえないのだ。

そう言われてもピンとこないだろうか。白い点を思い浮かべてみよう。その白い点が白い紙の上にあったらどうか。それでは知覚できない。背景という文脈の中で白い点を知覚したとき、白い点がはっきりと見えて、初めてその意味を考えるようになる。

要するに、環境照明なしに、注意というスポットライトは存在しないのである。望遠鏡を覗き込む天文学者でさえ、あるいはプログラムを書くソフトウエアエンジニアでさえ、社会的な世界への注意を幅広く持つことで自分の作業の意味を見出す。

哲学者や思想家は、社会的世界、喧騒、背景、私たちが世界に存在するという行為といったフレーズを使う。すぐ足元での経験を記述するためだ。注意というものは、あまりに当たり前のことすぎて意識していないし、それゆえに改めて分析しようと思っても、どういうものなのかつかみどころがない。多くの場合、ほとんどの人にとって、世界に対して自分がどういう注意を向けているのか気づいていない。ドイツの巨匠監督ヴィム・ヴェンダースの作品の中でも特に高い評価を受けた『時の翼にのって／ファラウェイ・ソー・クロース！』は、親近感という経験にちなんでタイトルをつけたという。つまり、ファラウェイ・ソー・クロース（遠くて近い）のとおり、注意は遠く離れているかのようにピンとこないかもしれないけれど、実はとても近いという意味だ。

## 注意することがもつ究極的な力とは

これでもピンとこない方のために、誰もが身に覚えのある環境照明型の注意の例をいくつか挙げてみよう。優れたサッカー選手がフィールドでボールを動かしている状況を思い浮かべてみよう。絶好調なら、ボールだけにすべての集中力を投じていないことがわかる。むしろ、あえて一点に集中していないのだ。最高のアスリートは、空間や動きをリアルタイムに見ているようで、同時に近い将来を見通すこともできる。サッカー選手は反復練習を通じて動きのパターンを把握しているが、そうして蓄積したパターンは、子供が自転車の乗り方を習っているときの補助輪のように機能する。ただし、補助輪に相当するパターンの蓄積は、背景のほうに下がっている。彼らは、注意をうっすらと広げていて、現象が繰り広げられている場全体に注目しているのだ。フィールド全体を背景に、すべての選手の動きや移動するボールの軌跡がまるでスローモーションのように見えている。しかも、試合後にサッカー選手にインタビューすると、何をしたか具体的に話すことはめったにない。たとえ、卓越したスキルや技巧を繰り出した異例の活躍だったとしてもだ。はっきりと意識していないのである。こうした選手で弁が立つ人はめったにいないとしても、ほんの少し前に発生した出来事について、ほとんど話すことがないのは注目すべきことだ。なぜなら、そのような瞬間は、ありのままの意識で、はっきりと目を見開いて完全に経験されたわけではないからだ。多くの場合、何があったのか理解するのに、試合後に映像を見直す必要があるという。

優れたバスケットボール選手であれば、リングを背にして、後ろ向きにボールを放ってシュートすることさえやってのける。バレエでは、20人ほどのバレリーナが狭いステージ上で互いに接触することなく、いとも簡単に踊り回る。オリンピックの水泳選手はプールで泳ぎながら自分と他の選手の位置関係を正確に把握している。たとえライバルが別のレーンを泳いでいて、5ストロークの差をつけていてもだ。

どうしてそんなことが可能なのか。これはスポットライト型の見方とはまるで関係がなく、逆に、知覚をあえて鈍化させた状態と大いに関係がある。環境照明型の注意で、前景と背景の両方を把握しているのだ。スポットライトのようには見ていないが、うっすらと広い注意で全体を見ていると言えようか。これは、例えば表計算ソフトを開いて作業するとかメールを書くといった知的追求の際の注意という経験も正確に記述できる。作業に専念していることは確かなのだが、このような集中が可能なのは、薄く広げた注意で意味を理解しているからにほかならない。そこには、「人的資源」とか「顧客サービス」「予算配分」といった抽象概念の意味は言うに及ばず、日ごろ使っているデスクや入力に使っているコンピュータのキーボードという広い文脈も含まれる。

私たちの注意は、柔軟性がもたらす思いがけない奇跡である。伸縮自在で、細部の関連性を評価する力も、世界の広大さを把握する力もある。私たちの注意は、パターンや規模、物語、動き、神話などを有意義に生かすことができる。注意することなんて、集中とか専念といった行為の単なる一部じゃないかと片付けてしまってはもったいない。注意することが持つ究極的な力に着目するようになると、観察スキルをマスターするという私たちのゴールに大きく近づく。生活の中の喧騒を観察する力を身につけるには、注意の払い方を理解する必要がある。

こうした注意の払い方とは、どのようなものなのか。世界屈指の優れた観察者に学んでみよう。この人物は、環境照明のように、うっすらと広い注意を払う高度な技能を持っている。眼科学や神経眼科学から、視覚療法、神経生理学まで、最近の視覚関連の科学研究に精通してはいるが、専門分野としては、見ることに特に関わりがあるわけではない。彼の名はギル・アッシュ。世の中では、クレー射撃、スキート射撃、トラップ射撃の著名なベテランコーチとして知られている。

## 知覚した速度よりも背景のほうが重要

私が初めてギルに会ったのは、モンタナ州の牧場だった。ここでクレー射撃の教室を開催し、好評を得ていた。ギルは、ヒューストン生まれの屈強なテキサス人だが、ガチョウの知能の高さに関する豆知識をさらりと披露するようなくだけた一面もある。何よりも、クレー射撃という特殊なスポーツに大きな革新をもたらした立役者として知られる。

クレー射撃は、19世紀に誕生した。生きたハトやライチョウを使った賭け射撃に対する批判が高まったのが原因だった。そこでスポーツ射撃の関係者は、自然界で見られる鳥の飛行パターンや飛行軌跡を再現できる機械的な方式はないものかと模索した。20世紀に変わるころには、クレーと呼ばれる素焼きの皿を標的として空に飛ばす自動装填発射装置が使われるようになった。素焼きのクレー標的の初期バージョンは、硬過ぎて散弾銃の弾丸では、きれいに割れないことが明らかになった。１９５０年代中ごろになって、トラップ射撃装置メーカーが柔らかいクレーを標的に選んだ結果、射撃の的中率が上がり、競技人気も高まってオリンピックの公式競技として定着した。ギルは50年にわたって射撃技術の精度向上に力を注ぎ、この競技の新たな可能性を切り開いている。ギルは、自ら監督するチームのメンバーとともに、発射台からクレーが発射されるのを脳がどのように捉え、身体が引き金を引くまでの数ミリ秒に何が起こっているのかを研究した。

私がモンタナ州での指導の様子を見学中、ワークショップに参加している射撃選手の一人が散弾銃に弾を装填し、クレー自動発射装置から一定の距離を取って立った。ギルが「プル！」（訳注：クレーを空中に発射する合図の声の一つ）と合図すると、オレンジ色の円盤が装置から発射されて空に舞い、計算された正確な軌跡を描く。ただし高度やスピードは毎回違う。ほとんどの初心者は、散弾銃を構えて円盤を撃つのだが、弾は当たらない。円盤のスピードに追いつかないようだ。選手が円盤の行方を目で追い、それを追いかけるように散弾銃の銃身を動かすが、それでは間に合わないのだ。当然、円盤がここを通るだろうと予測した場所を目がけて撃つことになるのだが、初心者には不可能に近い。

ふだんの生活では、何かを指し示すときには、私たちはその対象物を見ている。見ているものを狙うという習慣になっているからだ。私たちが見ているものを指し示すという行為は、基本的にいつもの習慣で、無意識に行われる。だから、標的が静止しているなら、初心者も練習すればすぐに弾を当てられるようになる。だが、標的が動いている場合、視覚で円盤を追い、銃口を円盤に向け、散弾が拡散したところにタイミングよく円盤が通過して初めて撃ち壊すことができる（訳注：クレー射撃に使われる散弾銃は、撃った瞬間から弾が広範囲に飛び散るイメージを持つ人がいるかもしれないが、そうではない。弾の内部には多数の粒が入っている。30メートルほど飛んだところで、花火のように内部の粒が拡散する。拡散といっても、せいぜい直径1メートル弱の範囲に拡散するに過ぎない。そこにタイミングよくクレーが通過し、しかも拡散した粒がある程度まとまった密度で当たることでクレーが壊れる。あまりに広く拡散すると、粒が低密度になって威力はなくなり、仮に当たってもクレーは壊れない）。この条件に加え、約30メートル先の地点の標的に主に視覚を維持しながら、顔のすぐ前では約84センチしかない銃身を標的に合わせなければならない。

ギルが説明する。「状況は実に複雑です。目は約84センチ先の銃身の先端の一点を見ています。同時に、別のことも考える必要があります。それは約30メートル先の円盤です。この2つのデータポイントに対して知覚をどう振り分ければいいのでしょうか」。

円盤は毎回異なる角度、異なる速度で発射される仕組みになっているが、ギルによると、円盤への注意の払い方で最も大事な要素は、飛行物体とその背景の関係だという。背景（例えば空や森など）が非常に遠くにある場合、私たちは、通過する円盤がゆっくり進んでいるように経験する。逆に、背景が射手に近い場合、円盤は速く移動しているように見える。

「知覚した速度よりも、背景のほうが重要なのです。円盤の速度や動きとともに、空間の奥行き、幅、規模に3秒以内に反応する必要があります。ベクトルと速度も合わせて、4次元、ひょっとしたら5次元の空間になります」とギル。

この複雑さを考えれば、射撃という行為に知的意識など持ち込みようがなかった。ギルが撃ち砕いたクレーこそ、メルロ＝ポンティの知覚と注意の説明が正しかった証拠にほかならない。ギルの指導では、射撃を通じて考え、すべての変数を分析的に処理するようなことはさせない。そうではなく、身体が知覚を鈍化させるような訓練を指導している。

ギルは、空を通過する円盤を指さし、次のように説明する。

「空高くを飛ぶ鳥のように、空高くを通過する円盤は、低いところを通過する円盤に比べて、上昇と降下の動きが鋭く感じられる。だから、低いところを通過する円盤は実際には高速でクレーが発射されたとしても、遅く感じるんです」

この説明をわかりやすくするため、ギルは、「速度は背景と相対的なもので、網膜に映るものとはほとんど関係がない」とヒントをくれた。何やら、マックス・ヴェルトハイマーが直接言ったとしても不思議ではないセリフだ。

## クレー射撃には高度に熟練した知覚が求められる

銃身に目を向けることが典型的な行為であるクレー射撃というスポーツは、視覚科学とほとんど関係がないことがわかる。むしろ、視覚をどう経験するかに精通しているか否かが勝負の鍵を握るのだ。つまり、高度に熟練した知覚が求められるのである。実際、ギルは、年齢とともに視力が落ちてくるにつれて、視力への依存度は低下している。視力が低下したからといって、熟達した腕前でこのスポーツをやり遂げる能力が阻害されるわけではない。

「神経科学研究によれば、重要なのは近くを見る力と遠くを見る力の関係であって、総合的な視力ではないことが証明されています。私に若者のような視力は必要ないのです。こういうことを体感し、円盤と背景の関係を見ることができればいいのです。今では、私は円盤を見ていなくても受講生が次の円盤に的中できるかどうかわかりますよ。わかっちゃうんです」とギル。

背景を体系的に観察することがどういうことか、ギルが披露する知識からヒントが見えてくる。彼は、ライフワークでもある射撃研究の中で、二次観察（何かを観察している行為を観察すること）的な手法で知覚スキルを向上させている。それはハイパーリフレクションと言い換えてもいい。彼は、科学者の目で見ようとはしないから、空を舞う円盤の全体的なゲシュタルトを見逃さない。それどころか、円盤が移動する様子について深い情報を獲得するために、身体の動きをあえてゆったりとさせている。受講生には「理性を捨てろ」と指導する。頭で考えず、身体に語らせろということだ。

「見失うのではないかという恐怖感を捨てなければ、この競技は楽しめません。潜在意識ははるかに速く反応する。意識の高い心、つまり意識的、分析的アプローチは、何かを警戒している状態だ。標的を打ち壊せないと思っていたら、成功しません」

ギルは、背景と前景の関係を通じて、すぐ近くに見える銃身の先端と遠くの空に小さな点のように見えるクレーに注意を払っている。銃、鉛の散弾、クレー、射出機という単純な条件だけに聞こえるかもしれないが、極めて複雑な世界がそこにある。ギルは、注意を薄く広げることで、こうした変数すべてを処理している。見るのではなく知覚しているのだ。だから、撃った弾が遠方で飛び散ったタイミングでクレーを撃ち壊すのである。ほぼミスはない。

## 人間の世界をもっと豊かにもっと深く観察する方法

背景をどう観察するのか、背景と前景との関係をどう観察するのか。

ギルの熟達したクレー射撃の腕前から、この点の説明がつくとすれば、社会全体のようなもっとはるかに複雑な文脈にもその方法が応用できないだろうか。人間の行為が詰まった喧騒全体を背景に人々を観察するという行為に、知覚という新たな認識方法を応用するにはどうすればいいのか。次のセクションでは、見ている自分自身を見るというケースから考えてみたい。これまでに紹介してきた技術的な精度は、他の人々の世界、例えば社会、文化、信条、行動を対象に、観察を実践するうえで役立つはずだ。銃、鉛弾、クレー、射出機からなる文脈が広範な複雑さを生み出すのであれば、人間社会という世界はその複雑度が何倍も高まることになる。続いてパート2では、人間の世界をもっと豊かに、もっと深く観察する方法について考察する。

メルロ＝ポンティの哲学を直接適用する前に、日常での観察に役立つ簡単な手引きを伝えておきたい。人間の知覚に関して、よく見られる誤解が6つある。その一つひとつについて、メルロ＝ポンティは、もっと厳密に、もっと高精度に世界を見る方法を示している。複雑な現象を観察するときには、この手引きをいつでも参照できるようにしておくことをお勧めしたい。今、人々の会話に耳を傾けると、安易な答えや一過性の流行りの考え方が蔓延している。そんな〝流行病〟から自分自身を守るワクチン代わりに、彼の哲学を使っていただきたい。

準備編の参考資料

# 世界の見方を巡る6つのよくある誤解

## 誤解その1：私たちが見聞きしているのは、生のデータである

人間による世界の知覚方法について誤解や過小評価をしてしまう重大な問題が2つある。まず最も基本的なところで、見ることとは世界からデータを受け取って処理することだという考え方だ。例えば次のようなものだ。

私たちを取り巻く世界を視覚、聴覚、嗅覚、味覚、触覚で感じる。続いて膨大なデータを脳が処理する結果、私たちが暮らす世界を意味のあるものとして経験できる。また、そこでの振る舞い方を把握したうえで経験できる。そして、視覚や聴覚から経験するも

のとは、原子的な感覚がもたらした産物である。全体が見えなくても、部分を見ることができる。ここで言う「原子的」という言葉は、光や音波など個別の無意味なデータで、人間の世界とは無関係のものを指す。原子論的な見方では、それぞれの特性は互いに非依存の関係にある。

青という色は、私たちが見る青いセーターには何ら依存しない。物体は、それ固有の性質ゆえにその姿を呈しているのであり、それがたまたま築いた関係がどのようなものであれ、そこからは、表面的な特徴しか得られない。これは、生の感覚与件（手触り、においなど感覚を通じて意識に表れるもの）の領域である。人間は、ヘルツという単位で測定可能な音波を耳にし、嗅神経で悪臭も芳香も嗅ぐことができる。それ以上の何ものでもない。

こういう思い込みがあふれている。私としては、こう問いかけざるを得ない。パンが焦げているにおいとか、雨が降った後の森のにおいを私たちはどうやって即座に認識しているのだろうか。当然、におい自体は、オゾンやその他の化学物質のにおいなのだが、私たちは焦げたトーストや雨上がりの森として経験する。メルロ＝ポンティや、ウィリアム・ジェームズなどの著名哲学者らは、意味のない生の感覚を経験することはないと主張する。自然には存在するとしても、私たちの経験には存在しないからだ。感覚与件は、常に人間の意味ある世界の「部分」として経験される。「地」なくして「図」となるものなど存在しない。全体があって、初めて何をもって部分とみなすかが決まる。においも音も出せないケースはあるとしても、まれだ。

## 誤解その2：科学ですべてを説明することができる

これも大きな誤解である。人が他の人々をどう知覚するかに関わる誤解だ。仕事の中でも、指導している学生たちと一緒にいるときも感じるのだが、複雑な現象や人間の活動について話していると、「人間ってそういうものだから」といった言葉を口にする人が実に多い。認知心理学や実験心理学の伝統に則《のっと》るなら、人間の活動を調査する場合、大学院生あたりを被験者にして実験を行い、人間の行動にある単純な法則を抽出している。最近は、合理的ではない判断や不適切な判断といった誤判断に至る理由や過程について、何でも「バイアス」といった言葉で説明をつけたがる傾向がある。こうした考え方は、ここ10年ほど人間の行動を理解する方法として主流の座にある。私たち人間は、「速い思考」や「遅い思考」など単純な枠組みで説明され、「速い」のは非合理（誤）、「遅い」のは自然科学者的（正）ということになっている。これは、人間の複雑さを説明するうえで、安易な答えを導いてしまう短絡的な枠組みである。

また別の流行りの考え方に、すべての人間行動は進化によって説明できるというものがある。愛、セックス、子供を持つこと、出世欲は、進化生物学の結果であり、この理路整然とした枠組み内で完全に説明がつくのだという。

さらに驚くのは、ｆＭＲＩ（磁気共鳴機能画像法）スキャナーなど新技術で脳を研究すれば、人間の行動の理由を突き止める手助けになるという。脳こそが私たちのすべてであって、画像や音といった刺激が与えられたときに、前頭皮質と扁桃体がどのように活発になるのかの記述から、はっきりと説明がつくと主張する。脳のスキャンデータだけを基に、新しい製品を開発できるし、政治的メッセージを発することもでき、出会い系サービスの最適化も可能だそうだ。

経済学では、人間はインセンティブ（誘因）に反応し、企業は利潤を最適化したがるという仮定に基づく数理モデルで、市場や金融の活動は記述できるという。もっと左派寄りのエコノミストや政治学者であれば、すべての人類史は、抑圧というレンズを通して理解することができるとの立場をとる。世界で間違っていることはすべて「資本主義」という言葉に還元できるというのだ。

最近になって、人間性に関する新たな科学的説明が浮上してきた。大規模言語モデルとAIにより、私たちが考えていること、書きたいと思っていることを予測することができ、映画の脚本さえも制作できるという。それはなぜか。AIだからだという。

この理屈では、注意や配慮、知覚など、人間世界の基本的な現象や概念をうまく説明できない。メルロ＝ポンティの哲学から見れば、もっと複雑で、非線形で、美しい現象を説明しようとする場合に、今挙げたような短絡的な考え方は責任逃れに過ぎないことがわかる。私たちの目的に照らせば、こうした怠惰な考えは還元主義と言えるし、場合によっては科学万能主義と言ってもいいだろう。人間を正しく捉えるのであれば、この手のイデオロギーに異を唱える必要がある。

## AI技術には難しい領域が存在する

メルロ＝ポンティの哲学は、私たちが社会という世界で、ときには同時に複数の世界で、絶えず活動していることを認識させてくれる。「世界」は難しい言葉に思えるが、私たちは直感的に理解している。「演劇の世界」や「多額金融取引の世界」を例に考えてみよう。ドイツの哲学者、マルティン・ハイデッガーが言ったとおり、どちらも共通の構造を持っている。どの世界も人々が使う装置がある。演劇の世界には、チケット、ステージ、役者、脚本、観客、予算という装置がある。誕生パーティという世界には、風船やケーキ、招待客、キャンドルという装置がある。人々がこうした装置を使うのは、特定のゴール（多くの場合は暗黙のゴール）に到達するためである。その世界に身を置く人々が、役者とか両親とか銀行家といった複雑なアイデンティティと結びつく行動を取るのはもっともな話だ。

私たちは、こうした世界に暮らしていて、非常になじみがあるがゆえに、その世界の仕組みやら決まりごとやらについて、めったに考えることもない。そこで、こうした世界で何をしているのかを改めて取り上げることにより、自分自身のアイデンティティを見出すことになる。私たちは、世界の中にあり、その外には出られない存在である。単純な枠組みでは、私たちの世界や実践内容は説明できない。それらは「全体」であり、還元主義的な実験や脳のスキャンでは分解できないスキルや熟達が求められる。私たちが話したり、議論したり、何か意味のあることをしたりしているときに、自分がどの世界にいるのかを知ることは、AI技術には難しい。その理由はいくらでもある。汎用型の人工知能にしても、経済モデリングにしても、さまざまな世界の問題を理解したり、定量的に測定できるように定義したりすることは困難である。真の観察や理解を望むのであれば、科学万能主義や還元主義では歯が立たない。認知心理学や神経科学、あるいは生理学の説明の受け売りで済ませるのではなく、現象に立ち返る必要がある。現象学は、心理学的説明や因果関係の説明なしに、知覚という現象を直接的に説明しようとするものだ。安直な答えでごまかさず、しっかり目を向け、しっかり耳を傾ける必要がある。

## 誤解その3：カメラのように見る

カメラは、レンズを向けたもののデータを記録する。正確な色、形状、サイズ、距離を記録して再現する。音声レコーダーが私たちの周囲の音の正確な周波数を記録するのと同じだ。カメラと同じように世界を知覚することは、直観的である。だから人間も感覚与件を吸収し、見ているものの写真を撮るかのように再現するという考え方だ。

だが、私たちがカメラのように見て、音声レコーダーのように聞いていると考えるのは誤りだ。また、カメラが人間よりも見ることに長けているとの考え方も間違っている。見ることが感覚与件を取り込んで正確に再現するという意味であれば、カメラは間違いなく人間より優れている。だが、意味に満ちた世界を見ることはカメラの仕事ではない。そのような世界の中を動き回り、そこに自分自身を関与させながら、世界を記述することはできない。

道を歩いていて私たちが見るもの、聞くものは、感覚器官を刺激する生データだと考えるのは、よくある誤解である。主な感覚入力（色、音、動き、距離、数字など）は私たちの見ているものではないという考え方も、直観に反する。こうした入力は、感覚器官が感覚与件を受け取るようには知覚されないからだ。

私たちの感覚器官が受け取るような生の感覚与件は当然、存在する。一方、意味のある物体、色、空間、距離などからなる人間の世界で、私たちが感覚与件をどう経験するかは、別問題だ。両者は、はっきり区別しなければならない。私たちは、自分の経験を機械のようには知覚しない。機械ならば、周囲の世界の記録は、その機械からは独立した記録になる。人間は、最初から人間の世界にいるから、私たちが見るものは、それ相応に知覚されるのだ。

## 誤解その４：知覚は知的である

次のような主張も、よく耳にする。

脳こそが私たちのすべてなのだ。すべてをコントロールするのが脳であり、私たちの目は脳に直結している。確かに、私たちは、意識的な心で見る。少なくともそのように思っている。私たちは、自分が思うことを研究することにより、自分の行動を説明できる。哲学の歴史は、この考えの焼き直しでいっぱいだ。経験主義の哲学者、ジョン・ロックは、あらゆる知覚と注意は私たちの体に到達する感覚与件だと説いた。そのようなデータが積み上がり、世界での私たちの経験となっていく。イマヌエル・カントのような合理主義者は、この考え方に則り、私たちの目や耳に届く感覚与件が各カテゴリーに整理されると主張した。私たちの脳には概念があり、データは心的なメカニズムによって区別され、私たちの経験のデータ部分を作る。

メルロ＝ポンティは、こうした2つの立場を「偏見」と呼んだ。双方とも、知覚の正体を私たちがどう説明するかが拠り所になっていたからだ。彼は、経験主義も合理主義も、主知主義という一カテゴリーにまとめた。経験は前言語的、前概念的な形で起こるというのが、彼の主張だ。たいていの場合、私たちは言語なしに世界を理解する。世界に対して命題的関係を持たない。何ら推論することも信じることもない。私たちは、何も知的に処理することなしに活動している。人間は、精神や脳や意識がすべてではない。思考というよりも、行動がその人をつくるのである。

## 誤解その5：見ることは主観的である

もう一つよくある思い込みだが、経験は自分のものであり、他の誰のものでもないという考えがある。何かを聞き、感じ、見るときは、自分の内部で起こっていて、ごく個人的なことに感じられる。また、自分だけの思考を持つこともできるという。

だが、これに対してメルロ＝ポンティも実存主義的現象学も、基本的に否定的な立場をとる。私たちの一つひとつの思考、一つひとつの言葉、あらゆる体験は、他者と共有する社会的背景の中で起こっている。共有された人間の世界の一部として考えを持つのでなければ、いかなる考えも持ちようがない。言い換えれば、背景の中で考えたり、感じたり、経験したりすることなしに、そのような行為は起こりえないのである。数字やひも理論などのように極めて抽象的な概念でさえ、それが属する世界（例えば量子物理学）という背景の中でなければ理解できない。この考えは、奇妙で不可解な言葉遣いが多いマルティン・ハイデッガーの言葉を借りれば、「それへ向けてのそれ」（Woraufhin）ということになる。「それを基礎とするそれ」といった意味になろう。すべての思考と概念は、彼が「親しみ」と呼ぶことの背景の中に寄生している。ある意味で、これは、ハイデッガーの最も重要な洞察である。ごちゃごちゃとした喧騒とは、親しみのあるものである。喧騒＝親しみのあるものこそ、あらゆることが理解される際の「それへ向けてのそれ」、つまりは基礎となるものなのだ。私たちは、自分が何に親しみを持っているのかわかっているし、他者もわかっているはずだ。メルロ＝ポンティは、このような態度について、空っぽの頭を世界に向けると表現する。

## 誤解その6：注意は焦点を合わせることである

子供がきちんと宿題をしているか心配になったり、子供にフライフィッシングの釣竿の使い方を教えたりするとき、私たちは「よく注意して」などと声をかける。私たち自身、何かの作業中にぼんやりしていると自覚するや、気合を入れ直して「集中」し、パソコンの画面なり、ガスレンジなり、本来注視すべき対象に注意を戻そうとする。そこで、SNSやメールが届くと、多くの人は、返信しなければと思って気を取られがちになる。すると、注意を払うこととは、こうした個々のものに焦点を合わせることだと仮定してみよう。すると、注意は、一つだけの活動やゴールを意識することであり、その一つのゴールから気を散らすものを一切排除する能力ということになる。

## ハイパーリフレクションというメタスキル

これは、注意に関する一つの重要な考え方に違いないが、メルロ＝ポンティは、注意について語るうえで、はるかに基本的で重要な方法があることに気づかせてくれる。私たちは、特に親しみのある世界に対して一般的な志向性を持っているが、メルロ＝ポンティは、こういう注意のほうが基本的で根源的な注意だと考えている。その意味での「注意」とは、私が通りを歩くときにうっすらと広く全体をカバーする様子である。何かに集中するのではなく、すべてに注意を払っている状態だ。言葉にしなくても、そこがどのような通りかわかっているし、誰にもぶつかることなく通り抜けるという複雑な作業も見事にこなすことができる。私たちの知覚や注意は、説明や観察ができないような曖昧な現象ではない。人間の知覚や観察力は驚くべきものだが、決して不可解ではない。重要なのは、こうした注意を全体にうっすらと広く投げかけることがどういう構造なのか、第三者的に見つめることも、目にすることも可能という点だ。自分が世界にどのようななじみを持っているのかについて研究し、観察することができるのである。実は本書（原文）の仮題は、当初、「注意の払い方」だったのだが、もっとシンプルでいいタイトルがあったので、そちらに落ち着いた。重要なのは、他者が世界にどのように注意を払うのかについて、観察・分析する術を身につけられる点だ。これは、メルロ＝ポンティがハイパーリフレクションと呼ぶメタスキルである。

# パート2
# 実践編

# 大発掘　純粋な観察から始める

## 硬直化した思考に埋もれている自分自身を掘り起こす

夜7時ちょっと前。学生が講堂に集まり始める。ニュースクール大学で私が担当する「人間の観察力」と題した講義の初日だった。学生は、哲学専攻だけでなく、パーソンズ美術大学のデザイン専攻の学生、さらにはエンジニアやミュージシャン、役者、宗教学の博士課程の学生、ユーザー体験を専門とするデザイナーなどだ。珍妙な古めかしい名称の講義に何らかの興味を持って集まってきた人々である。彼らがこの講義に登録した理由はさまざまだが、ほとんどの学生に共通することが1つある。世界に関する好奇心があり、そこにどう意味を見出せばいいのか知りたいと考えているのだ。

だが、講義に入る前に、学生には、硬直化した思考に埋もれている自分自身を掘り起こしてもらわねばならない。これを私は「大発掘」と呼んでいる。常套句とか型にはまった考え方とか独断的主張とか、いろいろな理論的思考の地層に深く埋もれていると、世界を直接観察する力が弱ってしまう。こういう余計な地層を取り払い、自分自身を発掘してやる必要があるのだ。こういうふうに埋もれた状態は、通常、次のようなやり取りを経て顕著になる。

**私**　：ニューヨークシティは、社会的な慣行が染み付いている人間を観察するのに適しています。ストレスの多い場所ですから。

**学生1**：ニューヨークシティは、米国の産業界やあしき資本主義に食い物にされている人間を観察するのに理想的な場所という意味でしょうか？

**私**　：いいえ、そういう意味で言ったのではありません。

**学生1**：でもニューヨークシティで誰かを観察するとなれば、おのずと所得格差を生む経済システムを観察することになります。しかも、南北戦争後のにわか景気に沸いた「金ピカ時代」以降の米国では、過去に例のないほどの急ペースで所得格差が広がっているじゃないですか？

**私**　：所得格差に関する雑な考え方を起点に観察を始めたくないのです。あなたの指摘は正しいかもしれませんが、実際に観察してから、観察結果について議論を始めたいのです。

こんなやりとりもある。

私　：実はこの講義は、本質的には知覚と注意の講義です。思い込みや偏見に影響されることなく、どうすれば注意を払うことができるでしょうか？

学生2：思い込みや偏見という言葉が出ましたが、リベラル系メディアの偏向報道のことをお話しになっているのでしょうか？

私　：この講義は、人間が持つ偏見よりももっと深淵なものをつかむことが目的です。人々が考えている内容ではなく、どのように考えているかに目を向けるのです。

学生2：世界に関する情報を提供する機関の偏向よりも、もっと深いものなんてありますか？

私　：あなたは自分の問いかけの中で自ら結論を導いていますが、私たちは今、ここで結論を出すことはしません。純粋に観察をするだけです。いつもと違って、見るだけ、聞くだけなのです。いかなる文脈でもあなたの出した結論が正しいとは、現段階では言い切れません。そもそも、何も検証さえしていませんから。

学生2：純粋な観察なんてありません。何でも同じですが、政府の行き過ぎに関するプロパガンダを一方的に押し付けられているかどうかの問題じゃないんですか？

**私**：そうでしょうか？　本当に「何でも」そうでしょうか？

さらには、こんな問答もある。

**私**：人間の行動を理解したいので、ここでは、例として恋愛、デート、セックスを挙げます。まずは観察から始めます。

**学生3**：恋愛やデートは、今の人々にとって自己実現に比べたら完全に重要度が低くなっています。

**私**：どうして？

**学生3**：マズローの自己実現理論っていうのが、あるじゃないですか。みんな時代に乗り遅れまいとしていて、結婚とか交際といった昔ながらの自尊心を保つ行動になんかこだわっていないんです。

**私**：マズローの自己実現理論のことはよく知っていますが、あなたが実際に観察したことを聞くほうが興味がありますね。

**学生3**：（マッチングアプリの）ティンダーで相手を探し続ける風潮にみんなうんざりしているんだと思います。相性のよさそうな人を求めてスマホの画面を延々とスワイプし続けているうちに悟るんですよ。食べ物もある。雨風を凌《しの》げる場所もあるとなれば、マズローの欲求のピラミッドの頂点を達成することに夢中になるんです。

**私**　：あなたがインタビューした相手がそう答えたのですか？

**学生3**：話を聞く必要なんてありませんよ。私の世代なら、みんなそう感じていますよ。

続いて、後ろのほうの席の学生とはこんなやりとりに。

**私**　：この講義では、皆さん自身が外に飛び出し、自分で観察に着手します。何人かでいいですから、対象者とそれぞれの社会的文脈を注意深く観察してください。

**学生4**：どうして2、3人の小さな標本サイズから始めるのですか？　フェイスブックなら20億人の標本サイズが利用できるのに。しかも、自分で見なくても、機械がやってくれます。

**私**　：確かに20億人のデータは手に入ります。でも、あなた自身が実際に観察したものは何ですか？

**学生4**：僕が何を観察するかはどうでもいいんです。データがすべてなんです。何百万人もの人々が何かをやっているとしたら、その規模がすでにすべてを物語っています。

**私**　：でも、その規模とは何ですか？　規模は何を意味しますか？

**学生4**：それだけ大きな標本サイズなら、機械学習アルゴリズムで、それがどういう意味か教えてくれます。それは私のような人間の目を超越していますし。

**私**　：自分で見ることのどこに問題があるのですか？　人間の目、つまり人間の観察力は、文化の中で意味を見出し、変化を理解するのに実に適しています。むろん、あなたが観察したことが真実かどうかを検証するには大量のデータセットを使う必要がありますが、それは、慎重に観察して、どこから手をつけるかを見極めた後のことです。ここに集まった理由は、そのスキルを尊重し、もっと活用するためなのです。

## 文脈を正しく理解しようとする姿勢が大事

もうお気づきの読者もいると思うが、大発掘とは、こうした若者たちの知性を掘り起こし、埃を取り払って、生きた経験による本物の世界にふれさせることなのだ。今日の学生の多くは、観察を始めるときに、あらかじめパッケージ化された固定観念まみれの枠組みから入ろうとする。なぜなら、そうするように学校で教え込まれてきたからだ。こういう枠組みを覗き窓にして、世界のあらゆる現象を知覚しているのである。このような定番の枠組みは、極左から極右までありとあらゆるものが含まれる。アイデンティティ政治（訳注：ジェンダーや人種などの特定のアイデンティティに基づく集団の利益を代弁して行う政治活動）、マルクス主義から、起業家としての自由市場・リバタリアニズム（自由至上主義）に至るまで、あらゆる立場である。ただ、今の学生に落ち度があるわけではなく、何も考えずに（「見ざる・聞かざる」の態度で）、意見を述べよと教え込まれてきたからだ。その結果、SNSなどで常に断定的な見解にさらされていると、人間行動について大括《おおくく》りの雑な抽象概念による説明をあちこちに拡散するのが得意になる。

残念ながら、こうした枠組みは、経験を研究しようとすると、まるで役に立たない。先入観にとらわれた話の筋に合う都合のいいデータを探すのではなく、文脈を正しく理解しようとする姿勢が大事なのだ。その末に、意見なり、仮説なりを生み出すことができるのである。だからこそこうやって講堂に集まって、分析的思考スキルを養うために骨の折れる作業に取りかかるのである。お手軽に結果を出して、さっさと結果を知りたい人にとって、この作業はかなり困難だ。安心できる安直な考えへの命綱を断ち切り、いったい自分が何を知覚しているのかはっきりとわからない状態に置かれると、初めて自分の生身が外界にさらされていることを実感する。そのとき、周囲の世界を実際に観察するという昔ながらの努力が始まる。

人間行動の理解を深めようと、さまざまな学問分野やデータポイントを広く探し求めることは、何も間違っていない。自分自身の知性の発掘作業が必要になるのは、この理解という取り組みの最初の段階だけであり、最終的には、整理された抽象的枠組みとか、何百万、何十億の規模の標本サイズ、いわば「ビッグデータ」を機械学習のアルゴリズムで分析することも必要になるだろう。

受け売りの答えを振り回し、それで自身の直接観察を鈍らせているのが、私の学生だけだと思うなら、実際に米国の大企業で働いている人々や巨大な縦割りのお役所で働いている人々としばらく一緒に過ごしてみるといい。私自身、クライアントである世界的な巨大企業や公的機関の何百という戦略計画を検討してきたし、イデオロギー的な枠組みはどこもそう変わらない。飲料メーカーでも建築資材メーカーでも世界的な医療関連機関でも、組織構造や組織内での人々の言い回し、主な分析結果、根拠、主張、推奨事項などは、図表の書体まで含めてよく似ている。大企業であれ、中小企業であれ、誰にとっても大発掘の効果が期待できる。

## 挑戦できそうな観察対象を見つけて練習を行う

ひとたび大発掘作業を済ませてしまえば、純粋な観察の素地が整う。次は、観察対象となる現象の選び方だ。

観察対象は、人間の現象なら何でもいい。ニューヨークシティは、おもしろいことをやっている人が多い。あなたの住んでいる町も同じではないか。学生にも言っているのだが、一見単純そうなことや平凡そうなことを対象に観察を練習していただきたい。何しろまだ初心者なのだから、空間の中で身体がどのように動きまわっているのかを観察し、日常の世界を知覚するにはそれで十分である。メルロ＝ポンティにヒントを得て、通りを行き交う人々、ドリンク片手に部屋に入ってくる人、料理をしながらキッチンで動き回っている人などを注意深く観察してみよう。最初の単純な観察から、その背景、つまり喧騒に対する認識を深めていく。学生が挑んだ事例の一部を紹介しよう。あなたも街角や近所、学校、オフィスを見回せば、挑戦できそうな観察対象はすぐに見つけられるはずだ。

## グループの立ち話という経験

部屋の中で多くの人々が話をしている様子でも、カクテルパーティの様子でもいいから観察してみよう。人々は互いに適切な距離を調整しながら立っているはずだ。私の学生は、人々の身体が常に調整し合いながら、互いの最適な距離に落ち着いている様子を観察した。当初4人だったグループに新たなメンバーが加わると、また調整が必要になる。グループが5人になるや、5つの身体が再び快適な位置を求めて動き出した。

人々は、立ち位置の距離が変わると、自分の話し声の音量も調整する。グループのメンバー全員が音量を上げるか下げるかして、また、数センチ後ろに下がるか前に出るかして、互いに快適な位置を探し出す。ほとんどの場合、人々は、自分が絶えずこうした調整をしていることなど認識さえしていないが、動きを観察することは可能だし、実際に観察すれば明らかである。

さまざまな文化を背景に持つ人々が集まっている文脈の中で、このような観察ができるだろうか。例えば、ワールドカップ中にサッカーファンが集まるバーの中や世界中の料理が並ぶ青空市場は、異文化の集まりだ。話し相手との距離を比較的大きく取る文化の人もいれば、近い距離感を好む文化の人もいる。穏やかに話す文化もあれば、力強く熱意たっぷりの表現を好む文化もある。さまざまな世界の人々が集まる国際的な会合などに足を運ぶ機会があれば、それぞれ異なるスタイル同士がどのように無意識に調整し合って折り合いをつけているのかを観察してほしい。相手とかなり距離を取るほうが快適と感じる文化の人々は、近い距離を好む相手が自分のスペースにじわじわと近づいてくると、やがて最終的に壁を背に立つようになる。この距離と音量を巡る〝ダンス〟は、観察していて実におもしろいのだが、私たち自身の距離と音量の調整に関する有益な情報も得られる。

## 美術館を歩き回るという経験

19世紀の欧州や米国では、美術館は、ギリシャ風の柱や堂々たる階段をしつらえるなど、視覚芸術の殿堂として設立されることが多かった。ニューヨークシティにあるメトロポリタン美術館にしても、ロンドンの大英博物館にしても、芸術を見せることに対していかめしい雰囲気を醸し出している好例である。だが、今日では、美術館の館長や建築家は、市場やショッピングモールを思わせるような美術館づくりに重点を置き、芸術の民主化、つまり誰でも楽しめる芸術へと軸足を移しつつある。訪れる人々は、自分の好みのスタイルで芸術を楽しむことができるわけだ。ロサンゼルス・カウンティ美術館（LACMA）は、見事なまでに〝みんなの美術館〟という新しい形を具現化している。ここでは、19世紀の建築に見られる時代遅れの神聖視や畏敬の念に取って代わって、人間と芸術のもっと直接的な関係が前面に押し出されている。

ある学生は、美術館にいる人々を直接観察し、身体、芸術作品、空間の間で目を惹く点に着目した。あなたも、自分の町の美術館で同じことができるはずだ。絵画や彫刻などが展示された美術館の片隅に立ってみる。20年前なら、美術館に行けば、展示室を歩き回り、作品にぐっと近づいて、一番いい角度の立ち位置で作品を見ることができた。鑑賞者たちの身体がメルロ＝ポンティの言う最適把握姿勢を求めると同時に、作品を見るための適切な文化的距離にも合わせていた。この鑑賞者間の無意識のダンスは、世界中の美術館でおなじみの光景だった。

今日、同じ美術館に立ってみると、ずいぶんと違った光景を目にする。作品、展示室、鑑賞者数は同じでも、例のダンスがまるで違っているのだ。身体は作品鑑賞に最適な位置を求めようとしなくなった。実際、作品は、もはや美術館の中心的なテーマではなくなっているのだ。観察していた学生は、美術館という場を成立させている基本原則が物質ではなく、デジタルになっていることに気づいた。展示室にある身体は、作品を経験するのに理想的な位置に立とうとする代わりに、作品を経験している自分の姿を他者に見てもらえるように身体を配置していたのである。展示のレイアウトやデザインが変わったわけではなく、スマートフォンによる自撮りのせいなのだ。人々に美術館を訪れた理由を聞くと、「せっかく来たのだから記念に何かほしい。思い出づくり」という。美術館訪問が美術鑑賞のためではなく、訪問の証しとしての思い出づくりになっているのである。この場合、最適把握姿勢は、作品自体を経験するためではなく、カメラのレンズが基準になる。

## 路上で寝るという経験

現在、米国の大都市のほとんどが、ホームレスの境遇にある人々への対処に手を焼いている。路上で寝るような暮らしは、豊かな社会にあってはならないことであり、私たちは、この問題について何ができるのかを見極めようと苦労している。そこで、ある学生が研究対象の現象に「路上で寝ること」を選択した。彼は、深夜から早朝4時までの長時間観察を数回敢行した。通りに出て彼が観察したものは、ホームレス収容施設で宿泊を選択しなかった人々や夜9時の施設施錠時刻までの入室に間に合わなかった人々だった。

最初の観察で、学生が注目したのは「光」だった。街は夜も暗くなることがない。まぶしいほど明るい街灯が彼らを照らし出す。実は、暗闇で寝るのは危険だから、光があるほうがありがたいというのだ。路上で一番明るい場所に彼らが集まってくるのは、安全確保のためだったのである。街には危険な連中もいる。特に何をしでかすかわからないような輩《やから》もいる。

光があれば、そういう危険から逃れて安全を確保することができるのだ。

次に学生が気づいたのは「音」だ。私たちが眠っている時間帯も、街は忙しく動いていて、建設工事、清掃、ごみ収集など休む間もない。行き交う車の音に加え、何かを引いたり押したり、穴を掘ったりと騒音があふれている。

もう一つ観察できたことは、「におい」だ。ゴミ袋に何日も溜め込まれた食品は腐っている。ゴミ収集車はそういう袋を集めるのだから、辺りは悪臭が立ち込める。この学生は、それを虫歯のにおいとか、長らく発見されなかった死体のにおいと表現した。明るい光、耳をつんざく騒音、虫歯のにおいという、3つの感覚上の経験の強烈さを踏まえれば、路上生活者が睡眠不足になる理由も説明がつくはずだ。

反資本主義や社会正義、自由至上主義といったレンズを通して、憤りとか怒りとか思い上がりの気持ちありきで、こういった観察作業を始めてしまうと、観察ではなく、イデオロギーから入ることになる。そうなると、家に帰ってまた翌晩、観察の繰り返しで埒《らち》が明かない。改めて言っておきたいのだが、純粋な直接観察に徹してほしい。受け売りの知恵に基づく意見は、どうでもいいのだ。今は、責め立てる相手を探しているわけでも、目の前の問題の解決策を探しているわけでもない。それは後の話だ。まず「見ること」が先決だ。目に見えることから何がわかるか、それを見てほしいのである。

現象を注意深く観察するようになると、何をすべきかという点についても、有益なヒントやひらめきに到達しやすくなる。解説記事をいくつも読んだり、理論的枠組みを探したりするところから始めると、理解に不可欠な基盤を持てないのだ。そのようなデータ収集のタイミングは、後で必ずやってくる。だが、その前にちょっと立ち止まり、見ること、注意を払うことが大切なのだ。結論を出すのではなく、ただ見るのである。

## ジャムセッションの経験

こうした実践をいろいろなパターンで試してみて、もっと手を広げたいと思うようになったら、さまざまな場やコミュニティで複雑な社会的文脈を観察すれば、もっと大きなパターンを探せるようになる。まさにこれに挑んだ学生もいる。彼女は、「ジャムセッション」（ミュージシャンが集まって自由に即興で演奏すること）という現象を研究対象に決めた。

その学生は、真夜中をずいぶんと過ぎたころ、マンハッタンのダウンタウンにある日系ジャズクラブ「Bフラット」に足を運んだ。その日に限らず、ジャズ好きの彼女は、この音楽の聖地に足繁く通っていた。だが、その晩の目的は、ミュージシャンの背景と前景を観察するためだ。際限なく複雑なジャズ文化の文脈の中で、ジャムセッションでミュージシャンが互いに顔を見合わせながら、一緒に演奏している様子を彼女はどう見るだろうか。

Ｂフラットの店内は、いかにもジャズクラブらしく、長年の間にしみついたたばこのにおいが立ち込め、照明のせいで、人々の顔は青あざのような色に見える演出だ。それでも、この人目につかないジャズクラブがニューヨークの音楽界で中心的な役割を担っていたことは間違いない。ここには、斬新な発想と卓越したテクニックのミュージシャンが世界中から集まってくる。演奏の楽しさや音楽愛のためではない。そういうものがあることは確かなのだが、それは二の次であって、もっと重要な現象があることに学生は気づいた。「見られる」という現象だ。

ウッドベースやギター、シンバル、管楽器などを手にミュージシャンたちが階段を下りてやってくる。ミュージシャンは、例外なく店内の雰囲気をチェックしていることに学生は気づいた。しぐさ、演奏スタイル、ミュージシャンとしてのセンスやスキルの絶妙な表現が目の前で繰り広げられる。本来、人間の脳は、一つひとつの動き、演奏スタイルの選択、他のプレイヤーの臨機応変なスキル、歴史のあるスタイルの解釈など、意識的に起こっていることすべてを処理できない。だが、一流ミュージシャンは何ごともなかったかのように、さりげなくこなしてしまう。演奏が乗ってくると、頭で考えることなく、体だけで演奏する。そうなると、数時間のセッションもあっという間だ。

この驚異的で極めて複雑なスキルを「耳」とか「音感」と呼ぶミュージシャンもいる。この場合の「耳」とは、コード進行やボイシング（音の重ね方）を聴き分けるだけでなく、全体の設定、会場、他のプレイヤーを同時に把握するためにある。前出の射撃の達人ギル・アッシュの経験のように、確かな「耳」を持つプレイヤーにとっては、背景がゆっくりと動いているのだ。

一流ミュージシャンは、存在するものに対しても、存在しないものに対しても、注意をうっすらと広げているため、観客の携帯電話の呼び出し音も、まるでスローモーションのように聞こえてくる。だから観客がうっかり鳴らしてしまった携帯電話の音もすかさずトランペットで真似て、ほかのプレイヤーに「ほらよ」と言わんばかりに続きを託す余裕も生まれる。まるで時間が止まっているかのように、遊び心あふれるトランペッターのフレーズに臨機応変にベースとピアノが応じ、そろってフレーズを繰り返す。携帯電話の呼び出し音まで巻き込んだジャムセッションの華やかな演奏が大いに盛り上がる。メンバーによるパターンとサウンドの融合をキャッチボールする遊び心は見事であり、何とも言えないおかしさもある。

このアドリブ演奏で、どのくらいの時間が経過しただろう。1秒たらずだったかもしれないし、ジャズ音楽の歴史全部かもしれない。どちらでもあり、どちらでもない。人間がうっすらと広く投げかける注意のなせる不思議な業《わざ》である。この背景の中で展開する込み入った出来事と複雑な状況が文脈全体を作り出し、そこで学生をはじめとする観客は、その晩の演奏を理解するのである。

Ｂフラットのような空間が人々を吸い寄せる魅力は、こうしたやり取りにある。単に集まって演奏するだけにとどまらない、ミュージシャン同士の絶妙な相互作用があるのだ。学生は、ステージをじっくりと観察した末に、ある結論に達した。しかるべき人たちにしかるべき見地から「見られる」ことへの期待と緊張感ではないか、と。素晴らしいジャムセッションには、過去のジャムセッションの妙味を今この場のしかるべき瞬間に取り込む醍醐味があるのだ。しかも、優れた技巧で絶妙にやってのける。学生が観察したものは、「現場」だ。つまり、人々に共有された背景での実践が詰まった世界である。Ｂフラットでのジャズの喧騒に対する鋭い評価を追い風に、ミュージシャンは大きな力を発揮できるが、それはあくまでもこのステージに立てるだけの凄腕ミュージシャンに限られる。

## 誰もが何らかのかたちで「見られる」ことを望んでいる

この「見られる」という現象は、共有された背景の前で、傑出した存在でありたいという欲求であり、ジャズに限らず、多くの社会的な世界に共通する。ただし、奇妙な行為で目立とうとするとか、ヤジや叫び声で余計な注目を浴びようとするのとは違う。「見られる」ことは、共有された世界を大胆に動き回り、そうした世界のさらなる強化や刷新につながる貢献をすることである。「見られる」ことは、洗練度、没入度ともに最高水準の人間の注意を引くことである。それは深い帰属意識であり、また仲間や師匠、観客から一目置かれることでもある。

どのような場面であれ、誰もが何らかのかたちで「見られる」ことを望んでいる。人間誰しも、共有された社会的世界に存在しているからだ。よそ者感覚に陥ったり、自分の属するコミュニティとの隔たりを経験したりしている人々は、心の病か、宿なしか、はたまた市民権剝奪かといった事情を問わず、この注目を浴びることへの渇望感がある。見られることを切望しているのだ。「見られる」という、人間による注意の最高形態の対象になりたいのである。

「見られる」ことの別の例を挙げておこう。サーフィンのコミュニティの話である。ジャーナリストでサーフィン関連の著作も多いウィリアム・フィネガンは、ピュリツァー賞受賞作『バーバリアンデイズ』で、自身の経験を表現豊かに綴っている。サーフィンは、チームスポーツとは大きく異なる。

「友達と一緒に楽しめるが、[24]大波が来ると、あるいはトラブルに巻き込まれると、最初から周りに誰もいなかったかのような状況になる」

そういち早く指摘したのが、フィネガンだ。

この孤立があるものの、サーフィンは基本的には社会的な世界であり、背景の実践が共有された中で「見られる」ことの一形態である。ここでスタイルも問題になる。友人からサーフィンは宗教的な慣行と指摘されても、フィネガンは賛同できなかった。そこに神はなく、ただサーフィン自体の腕前しかないからだ。

　サーフィンでは、スタイルがすべてだった。[25]いかにしなやかに動き、素早く反応するか。目の前の難しい状況を手際よく乗り切り、波に対して鋭角に、美しくターンできるか。審査では、手の動きのように細かいところまでが評価対象になる。優れたサーファーの美しいパフォーマンスを目にすると、息をのむほどだ。最高難度の技をこともなげにやってのける。さりげない力、重圧をものともしない優雅さ。これぞ私たちが描く理想の極致だ。

サーファーもミュージシャンも役者も司会者もラジオパーソナリティも、いや、ほかにもさまざまな職業で、ステージでの強さが求められる。仲間は技術的な能力を見るだけでなく、スタイルにも目を光らせる。世界のどのコミュニティで人々を観察しても、特殊性と普遍性が見つかる。どの文化でも、当然、独自の込み入った事情や特異性があるが、多くの場合、どのコミュニティにも共通する普遍性がある。「見られる」ことと「名誉欲」は、あらゆる文化や社会で観察可能な現象である。

## 「そのもの自体に」観察の眼を向ける

ほかにも、どの文化でも観察可能な現象としては、死との関係が挙げられる。ある学生チームは、ニューヨークとカリフォルニアで死体を巡る社会的慣行を観察した。同チームが訪れたのは、ニューヨークシティで唯一のポッターズフィールド（身元不明者や身寄りのない人を埋葬する無縁墓地）であるブロンクス区ハート島と、ロサンゼルスの葬儀場だ。そこで、学生たちは、この世界の慣行には表口と裏口があることを発見する。表口に当たるのは、哀悼の儀式である。葬儀場の黒いマホガニー材の棺や特定の色を使用した死化粧など手の込んだ葬送習俗もある。一方、裏口に当たるのは、大型冷蔵装置、輸送管理ソフトウエア、土地から土地への遺体輸送（訳注：文化によっては、国土が広く、親族が各地に散らばっている場合に各地で移動葬儀が行われる）などだ。直接観察により、2つの共有世界への玄関が同時に開かれたのである。多くの場合、2つの世界の裂け目を見ることが鋭い観察のきっかけになる。例えば、葬儀場の上階では、敬虔な雰囲気の告別式が行われる一方、地階では遺体の冷蔵装置がフル稼働しているといった不調和がある。

観察に挑む学生は、いったい全体どこから手をつければいいのかわからず悪戦苦闘するわけだが、そういうときこそ特に大きな学びがある。私の講義に出ていた学生の中に、南インドの家庭で育ったアビナッシュという米国人がいた。仕事を休んで、ニュースクール大学に入り、創作の芸術学修士コースの学生として、たまたまこの講義を取ったという。そこで、街に出て1カ月かけてある現象を観察するよう指示したところ、アビナッシュは最初の経験で混乱してしまった。テクノロジー業界で10年以上働いてきた腕利きのエンジニアであるアビナッシュは、自分が何らかの相互作用に関わる場合、「このプロセスやツールの目的は何か」とか「この目的をどのように生かせるのか」といった、実用性という枠組みで観察する習慣がある。そのようなトレーニングはエンジニアに欠かせないものだが、直接観察を追求するときには邪魔になる。アビナッシュは、身についているエンジニアリング的な見方をいったん脇において、しっかり立ち止まって見る必要があった。

希少動物シロサイの絶滅について啓発する彫刻のインスタレーション作品が、ニューヨークの交差点に設置されている。アビナッシュは、この作品を観察対象に選んだ。3頭のサイがアクロバットのように重なって立つ姿の彫刻作品だ。彫刻が設置された2018年時点で、世界に残されたシロサイは3頭だけだった。密猟で激減したシロサイだが、この最後の3頭が死ねば、シロサイは完全に絶滅する。アビナッシュは、このインスタレーションを訪れる人々の経験内容を記述しようと考えた。だが、その経験とは何なのか。そして、人々はなぜその経験をすることになるのか。

## 2ステップダンスの効果

アビナッシュは、マンハッタンのアスタープレイスにあるくだんの彫刻の前に立って混乱したと振り返る。どこに注意を払えばいいのか。目に入ったのは、サイの彫刻の前で自撮りをしている観光客だ。ここでは、世界自然保護基金（WWF）など環境保護団体の関係者が募金を呼びかけていて、スマートフォンやタブレットで募金を記録していた。アビナッシュには、この状況の何が重要なのかがわからない。そこで、家に帰ってから、旅行者による現地関連のSNS投稿やハッシュタグを丹念に調べ、訪問に関する投稿内容を拾い集めた。

だが、こうした部分部分を拾い集めても、意味のある全体像にならない。アビナッシュは、もがき苦しんでいた。観察するために現場を訪れれば訪れるほど、時間の無駄のように感じ始めた。そこで、フィクション作家になったつもりで、この不快な状況から脱出しようと考えた。現場で誰にも話を聞くことなく、ベンチに座ってサイ絶滅に関する物語を書き始めた。私はその物語に目を通し、よくできた物語だと思うが、現象学としては出来の悪い研究だと伝えた。彼は、目の前で起こっていることとまったく関係のない抽象的なアイデアにのめり込んでいたのだ。そこで、こんなふうに諭した。頭の中に閉じこもるのではなく、見回してみるといい。目の前の世界と直接の関わりがない抽象的な思いつきや思考のカテゴリーを、捨て去らねばならない。「そのもの自体に」観察の目を向けるのだ。

アビナッシュは再び挑むことにした。今回は物語のアイデアを作ることなく、インスタレーション作品と向き合った。素材に目をやらず、何か使えそうなネタはないかといった見方も捨て去った。メルロ＝ポンティにインスピレーションを得て、自らの身体を使って現場を観察することに努めた。自分は彫刻とどのような関係性で立っていたのか。ほかの人々はどのように立っていたのか。突然、目の前に社会的な構造が立ち上がり始めた。じっと静止して観察をしていると、自分の周囲で動き回る人々の身体に、洗練された〝振り付け〟があることに気づいたのである。WWFのボランティアがあの手この手で人々に近づく。その近づき方の身体的動きにはずいぶんと差があり、募金を獲得する成功率の高い人がいるのだ。アビナッシュが観察すればするほど、その動きのパターンの違いに気づけるようになってきた。

最も積極的なボランティアは、観光客のパーソナルスペースにさっと飛び込む。すると、忙しそうな観光客は、手を振って断るか、ただうなずくだけでそれ以上何もすることなくボランティアから遠ざかっていく。このボランティアは何度も観光客の前に現れては募金を呼びかけるが、観光客は後ずさりする。

ＷＷＦボランティアの別のグループは、自分たちのパーソナルスペースを維持しながら、笑顔と人懐っこいしぐさで観光客の気を引き、話しかけていた。そうした魅力のおかげで人々は一瞬立ち止まるが、そのほとんどは募金することなくそそくさと立ち去ってしまう。

やがてアビナッシュは、驚きの光景を目にする。長時間、訪問客と話をしていたボランティアは、訪問客からの注意を引くだけでなく、募金も獲得できそうな雰囲気になっていた。実は、このボランティアは、会話の初めに後ろに下がったのである。自分があえて一歩下がることにより、話し相手の訪問客に一歩前に踏み出させていたのだ。このちょっとした2ステップのダンスは、譲り合いや助け合いに通じる雰囲気の交流を生み出していたのである。このボランティアは、他者のパーソナルスペースに侵入して働きかけるのではなく、知識や情熱を示して、寄付獲得につなげていたのである。売り込みというよりも対話になっていたのだ。アビナッシュがさらに観察を続けていると、成功のあらゆる指標（話をする時間、両者にとっての妥当性、回り回ってＷＷＦの寄付額増加）が明らかになった。

うまくいったこと、うまくいかなかったことを観察した後、ボランティアに話しかけた。ボランティア自身は、自分の声かけのテクニックや方法がどういう成果を上げているのかを考えたこともなかった。アビナッシュが観察結果を伝えると、ボランティアはそれをヒントに活動を再開した。だが、２ステップダンスを試すボランティアが増え、うれしいことに、寄付額も増えていった。

## しきたりや頭に浮かんだ考えを知覚から削ぎ落とす

アビナッシュが観察を始めた当初、何を探せばいいのかわからず、自分のアイデアを足がかりにしようと考えた。だが、何らかのモデルや仮説、アイデア、思い込みから入ると、その結論につなげるために近道をしようとする。一方、直接観察でプロセスに向き合うとき、「ものそれ自体」から始めると、しきたりや頭に浮かんだ考えを知覚から削ぎ落とすことになる。

そうやって邪念をすっぱり捨て去った後の静けさの中で、それまで見えなかったものが見えてくるのだ。

# 論文や思考に学ぶ
# 観察術

実践を触発する練習

# 見ることのイノベーション　疑いのレンズで見る

## 物理学の世界にも使われるようになった無限という概念

１６６０年代、オランダの科学者で織物商のアントーニ・ファン・レーウェンフックは、ふだんから生地をチェックする際に虫眼鏡を使っていた。彼に限らず、織物商はみな同じようにしていた。ある日、彼は、そんな使い慣れた虫眼鏡を手に取り、これでほかの物体を拡大して見たらどういうふうに見えるのだろうと素朴な疑問を抱いた。２つの虫眼鏡を用意し、長い筒の片側に一つ、反対側にもう一つを取り付け、興味のある物を拡大して観察した。この自家製顕微鏡を外に持ち出して雨粒を観察してみた。驚いたことに、水滴の中に小さな生き物を発見する。顕微鏡のレンズの向こうで何かが動き回っている。それまでまったく目に入ることのなかった世界だ。彼は発見したものを雨の雫《しずく》の中で生きている「極微《きょくび》動物」と呼んだ。

この発見で、彼にとって「現実」の概念は爆発的に広がり、自分を取り巻く世界の中でさまざまなものを見るようになった。例えば、この光学筒で自分の歯に付着した歯垢を見たらどうなるか。何と、自分の口の中にも生きている生物が文明を築いているかのような世界が広がっていた。1683年のノートに「一人の人間の口の中で、歯についた食べかすには、(オランダ)王国全体にいる人間よりも多くの生物がいる」[26]と記している。

もちろん、今日では、レーウェンフックがいち早く原生動物、つまり単細胞生物の観察を記録した人物であると認識されている。顕微鏡という光学的な技術革新によってこれが可能になったのだ。この知覚の変化を受け、目に見えなくても微生物の一大勢力が存在し、常に私たちの生活の一部となっていることがわかった。顕微鏡の発明により、極めて小さく、それでいて極めて壮大な世界が至るところに存在するという事実を人間は認めざるを得なくなったのである。しかも、こうした微生物は、人間の創意工夫をはるかに凌駕する独創的な生存能力も持っていた。

顕微鏡が発明された結果、科学者は拡大視が可能になり、非常に小さな世界に生物が存在する現実を見られるようになった。同じように、光学やレンズ製造の革新で望遠鏡の技術分野でも偉大な発見につながり、人間の世界を超えて宇宙にまで視野を広げられるようになった。1781年、イングランド南西部バース。3階建てテラスハウス(長屋のような棟続きの住宅)の中庭で天文学好きの男[27]が自作の望遠鏡で夜空を観察していた。望遠鏡には、直径約15センチの金属を研磨して磨き上げた反射鏡を備えていた。この若き天文学者の名は、ウィリアム・ハーシェル。画期的な望遠鏡を手に、季節を問わず、来る月も来る月も、夜空を丹念に観察し続けた。ハーシェルの望遠鏡は、当時の西洋で最強の望遠鏡だった。その年の3月13日、ハーシェルは、自作望遠鏡のレンズを通して、即座には正体を特定できないものを見ていた。彼はその得体の知れない物体を「彗星」と判断していたが、何日もかけてその現象を観察し続けた末に、観察日誌に矛盾したメモを残すことになる。「彗星」と説明をつけたのだが、ひげもしっぽもなかったというのだ。この謎の物体を発見後も、何日も口外しないように注意し、日誌には絶えまない計算と慎重な観察のみを記していた。3月22日、ついに天文学の世界の仲間に接触し、自ら発見した内容を説明している。ハーシェルの望遠鏡よりもはるかに性能の低い望遠鏡で手詰まりとなっていた英国の天文学者が続々と議論に加わる中、科学界はある結論に達した。ウィリアム・ハーシェルが見ていたものは、プトレマイオス以来、誰も目撃していなかったもの、つまり、新たな惑星だったのである。その惑星はギリシャ神話の天を人格化した神、ウラノスに因《ちな》んで天王星（訳注：英語ではユーラナス）と命名された。

　ハーシェルの発見やそこに至る数々の観測によって、惑星の数に対する社会の常識にとどまらず、さまざまなものが影響を受けることになった。丹念な科学的手法により、世の人々は、これまで考えられていたよりもはるかに広大で計り知れない宇宙を思い浮かべるようになった。「無限」という概念は、宗教的な瞑想や数学的な推測に使うものだったが、物理学の世界の科学者も、その可能性に心を開くようになった。ハーシェルの望遠鏡のおかげで、私たちは、星や惑星がぎゅっと詰まった非常に小さな宇宙に存在するのではなく、詰まっているどころか果てしなく広がる宇宙の一部であることがわかった。実際、宇宙には既知の果てなどなく、絶えず変化している。新たに目に見えるようになった「巨大な宇宙」に比べれば、人生の長さなど、取るに足らないちっぽけなものであることが、ある日突然、ほんの一瞬にしてわかってしまったのである。

## 光学上の革新的な発展が人類学の領域につながる

光学技術の進展により、私たち人間は、想像よりも大きな存在であると同時に、小さな存在であることがわかった。壮大な時間軸の舞台に立つ端役《はやく》なのである。見るものやその見方によって、世界における人間の役割に対する理解が変わるのである。

光学分野で科学に最も重要な瞬間が訪れたことと並んで、知覚にも別の刷新があった。それは、私たちの互いの知覚を根本的に広げる技術にとてつもない革新がもたらされた物語である。この革新の実権を握る一匹狼のリーダーがいた。ドイツ生まれで後に米国市民権を得た物理学者、フランツ・ボアズだ。彼が開発した画期的な方法のおかげで、誰でも「別の文化」を見て分析できるようになった。彼が一石を投じた結果、天王星の目撃や原生動物の観察と同じように人間も変わったのである。西欧の価値観が優れているという思い込みを一蹴し、他の人々に真に耳を傾け、目を向ける方法を生み出すことになった。人間に対する理解のあり方を変えた新たな〝レンズ〟とは何だったのか。それはボアズ自身の科学的研究法のトレーニングから生まれたもので、革新的な成果である。こちらのレンズは、顕微鏡や望遠鏡などの技術革新ほど頻繁にスポットライトを浴びることはないが、近代科学の時代に、自分と他者の文化の見方をこれほど大きく変えた画期的なものはない。そこからある研究領域の枠組みが誕生した。それが今で言う「人類学」である。

フランツ・ボアズをはじめ、その薫陶を受けた反権威的な社会科学者たちの知的遺産は、今や日常生活にすっかり溶け込んでいるため、彼が19世紀後半に研究を始めたころの世界の見え方や雰囲気は私たちには想像もつかないだろう。彼は、北極圏のバフィン島に暮らす人々の移動パターンを研究するためドイツを出発する。元々、きちんとした教育を受けた物理学者だった。彼が学校を出てコロンビア大学で教鞭をとった20世紀初めは、人間の発達という概念は今とはずいぶん違っていた。人種は、まだ生物学的な運命と考えられていて、性や行動の面の特徴は固定されたものとされていた。米国に渡ってくる移民は、疾患や常軌逸脱行動の恐れがあるとされ、精神疾患があれば、患者自身や社会に安心感を与える目的で“善意”によるロボトミー手術（前頭葉白質切截術）を施していた。このような状況で科学者が果たす役割と言えば、人類や文化の痕跡から距離を置いて立ち、その痕跡一つひとつが社会進化の過程のどの段階に相当するのかをカテゴリー分けすることだった。要は、人類研究とは、原始人から始まり、野蛮状態を通過し、欧州文明へと至る長い直線を引いたうえで、この直線に沿って、集団を配置していく作業だったのだ。そして、十分に白人とみなせて、十分に欧州人の血筋を引くと考えられる集団に限り、人類の最も高貴な段階である欧州文明の位置に配置してもらえたのである。

これは、20世紀初期の動物行動学者がフィールドでデータ収集をする際に頭にあった理論的なレンズだった。この仮説に沿って、観察に値するものを決定したのであり、また、この仮説に沿って、自分が見てきたものについて結論を導いていたのである。ボアズが仕事を始めたころは、やはりこうしたイデオロギーに染まっていた。[28] フィールドワークに出ていた初期に、従来の観察方法と直接観察との齟齬があることに気づいていたにもかかわらずだ。例えば、ボアズの同時代の研究者らがカナダ太平洋岸北西部に住むクワキウトル族などの先住民集団が使う弓を収集する際、こうした弓は、社会進化過程の「野蛮」段階のどこかに入れるべき物体として理解されていた。実際、そうやってこの証拠がカタログ化され、博物館・

美術館では、そのとおりに展示されるのだった。来訪者も、人間の進化の直線に沿って展示室から展示室へと誘導され、最後に西欧「文明」の道具や技術の展示でゴールを迎えるという構成だ。

## 音を区別できない問題は、あらゆる文化、あらゆる人々に存在する

今日でも、このようにまるで中身のない考え方の痕跡を目にすることがあまりに多い。人類学の領域でさえそういうことがあるものの、当時から様変わりしたことは確かだ。文化はかつて絶対視され、原形のまま保存されるものだった。そして人々の研究や評価も、風習がいかに脈々と受け継がれていて、観察者の手法が適切なものだったかを判断することだけが目的だった。観察者である科学者は、ガラスのこちら側だけにいて、観察対象である「人々」はガラスの向こう側にいたのである。

だが、ボアズは、バフィン島のイヌイット（カナダ北部に住む先住民）や太平洋北西部のクワキウトル族のフィールド調査に従事する中で、「文化」の普遍的で変わらぬ真理を経験する。彼は別の文化にどっぷりと浸かっている間、絶えず知覚が混乱するのを感じ取っていたのだ。例えば、複数の言葉を耳で聞いて区別できない「音盲（音聾）」という現象[29]がある。

彼は、その現象を研究している際、当初は「原始的な人々」ほどその傾向が強いと想定していた。原始的な人々には、確立した発音や書き言葉による綴りがなかったからだ。ところが実際には、誰もが「知らない音を自分の母語の音で知覚する」ことにボアズは気づく。言い換えれば、音盲は、あらゆる文化、あらゆる人々に存在するのだ。ほとんどの人々は、自分に一番なじみのあるレンズを通して新しい経験を知覚し、解釈しようとするからである。

ボアズは、このような観察を重ねるうちに、人間とは不変の生物学的タイプが発現した結果だという科学界にあった前提を、考え直さざるを得なくなった。経験的観察を重ねることに注力するうちに、自身のフィールドワークをもっと正確に解釈するようになったのである。彼の観察によれば、人間は、無限の適応性があり、絶えず変化している。個々の身体もそうだし、人間が作り出すコミュニティも同じだ。目の前にある証拠の確実性から、ボアズは、人間の文化についてもっと正確な新しい理解を提唱するようになった。

## コロンビア大学で学生たちに与えられた高度な自由研究プロジェクト

「統一的で体系的な文化進化史の構築という無駄な努力を捨て去らない限り、（この学問は）実りあるものにはならない」[30]

ボアズは、同僚への書簡にこう記している。そして人類文明の進歩・進化に関する包括的な仮説や物語はいったん忘れることにした。人類学者が自らの想定からできる限り離れ、自分の母語の音ではなく、別の言語の音に耳を傾けることが求められる学問を構築しようと決心したのである。

20世紀初期には、ボアズは、コロンビア大学にできたばかりで慢性的な資金不足にあえいでいた人類学部の責任者に就任する。[31] 提携校であるバーナード・カレッジで学部の女子学生に教え、ブロードウェイを挟んで反対側にあるコロンビア大学では大学院生（ほとんどが男子）に教えるという日々だった。担当クラスでは、学生たちに難しい課題を与えた。理論的枠組みも行動指針も与えることなく、高度な自由研究プロジェクトを命じたのである。そして、2つの大きなゴールを設定した。観察すること、そして経験的観察結果を収集することである。これこそが本当の科学の方法だと学生たちに説いた。外に出て見回し、自分の観察対象を深く掘り下げ、フィールドワークに時間をかけてどっぷりと没頭して、初めて分析結果を説明できる。

まず、ボアズは、学生に経験的観察の結果を集めてくるよう指示した。その際、何を見るかといったことを想定したり、事前に考えたりしてはならないと伝え、科学的研究手法について基本的な質問をするよう指示した。何を見ているのかもわからない状態で、どのように現象を観察するのか。観察の仕方が変わるのは、どのような偏見があるからか。何もないところから始めて研究がどこに導かれるのかを見届けるよりも、ある程度の考えを持ってスタートしたほうがいいのではないか。どのような状況なら、仮説を立てて観察を開始し、検証してもよいのか。どのような状況なら、先入観なしのほうがいいのか。ボアズが取り組んでいた破壊的イノベーションは、無限の境界と文脈に適した推論を必要としていた。ボアズに言わせれば、文化を見る唯一の方法は、新しい文脈の観察方法を見極めることなのだ。彼が行き着いたレンズとは、逆行推論（アブダクションとも。道が濡れているから、雨が降った可能性があるというふうに、観察された事実から、それをもたらした可能性の高い前提を推論する方法）と呼ばれる推論方法だった。平たく言えば「疑いの目を持つこと」と言ってもいいだろう。

## パースが主張する逆行推論法とは何か

１８００年代後半、米国の哲学者・論理学者で、米国プラグマティズム（実用的な価値を知識や意味、価値の基準とする考え方）の創始者としても知られるチャールズ・サンダース・パースが連続講義を行った。その講義でパースは、問題解決に使う３つの推論方法を定義し、大いに話題になった。そのうちの2つである演繹法と帰納法は、多くの読者にもなじみがあるはずだ。演繹法は、前提が真であれば結論も真となる推論結果を導くことである。要は「動物には寿命がある。犬は動物だ。したがって犬には寿命がある」といった推論だ。一方、帰納法は、「犬も猫も猿も寿命がある。だから動物は寿命がある」というように、一連の観察結果から結論を導く推論である。演繹法も帰納法も自然科学と社会科学の中核を支えている。これに対して、逆行推論という考え方はあまり構造化されていないが、洞察の中核をなす推論法であるとパースは紹介している。帰納法や演繹法と比べて優劣はなく、ただ違うということである。パースは言う。

「逆行推論は、ひらめきのように現れるが、誰にでも現れるひらめきではない。[32] 洞察という行為ではあるが、誤りに陥りがちな洞察なのである。仮説のさまざまな要素が頭の中にあることは確かである。しかし、それまで組み合わせようとは夢にも思わなかったことを組み合わせる考え方であり、熟考する前にひらめくように新たな示唆をもたらしてくれる」

逆行推論法、帰納法、演繹法は、推論の確実性の違いに合わせて利用できる。演繹法は、(数学や物理学のように)一般的、抽象的な法則が正しいとある程度確実にわかることを前提としている。帰納法は、何が真理かを示す作業仮説(研究・実験過程で暫定的に有効とみなせる仮説)であり、実験を通じてこの仮説を検証する。逆行推論ははるかに曖昧だ。あるトピックやデータセットに長らく没入していると、どこからともなく突然パッとひらめくことがある。チャールズ・ダーウィンは、生物の突然変異に関する新理論である「自然淘汰説」（自然選択説）にたどり着いた経緯について、チリを旅行中に突然ひらめいたと説明している。何層もの生態学的・地質学的な情報を携えて、火山の現場を見ていたところ、自分が収集したすべてのデータを体系化する原理が思い浮かんだのだという。妄想に取りつかれたように長年にわたってカメや鳥類のくちばしを系統立てて収集してこなかったら、この逆行推論のひらめきは生まれなかっただろう。ただし、結論に至るまでのプロセスは、演繹法や帰納法の推論のように線形ではなかった。突発的にひらめく経験である。長年をかけて集めてきたデータが、ある日突然、意味を持つ瞬間なのである。

パースは、文脈を観察し、それに関する新しいアイデアにたどり着けるのは、逆行推論しかないと主張する。演繹法は仮説を効果的に進化させたが、真に新しく挑戦しがいのある情報を取り込めなかった。また、帰納法は、観察者を特定の考えに縛るもので、「既知のこと」と「未知のこと」が固定された問題にはそれで結構なのだが、文化や行動が関わる問題には歯が立たない。以上の3つの推論法はいずれも世界を理解するうえで重要な役割を担う。逆行推論が帰納法や演繹法と比べて優れているとか劣っているなどと言い出すことは馬鹿げている。科学的な推論に当たって、単にさまざまな方法があるというだけのことである。もっとも、経験的検証や系統立った実験の厳格さを欠いた逆行推論は無謀だ。逆行推論によるひらめきについて反証が必要であるだけでなく、最終的には反証が啓発にもつながる。パースが提示したものは、本質的には、逆行推論の存在についての考え方であり、それが不確実性の高い文脈に特に適している事実だった。

過去数百年は、科学の発展と、演繹法がすべてを制すという信念が中心だったのだが、パースは１８９８年の「First Rule of Logic」と題した講義で、自分が知っていると思っていることに疑問を投げかけた。「探究の道を閉ざしてはならない」[33]と学生に語りかけたのだ。

## よかれあしかれ逆行推論は「不快なもの」

この探究のプロセスは、もっと疑問を抱く余地をつくり、安易に判断に飛びつかないことだった。一貫性のあるゲシュタルトに早くたどり着きたいと思う気持ちはわかる。さっと判断したいのだろうが、他の人々を直接観察する際には疑問を持つ姿勢が必要となる。パースは、この疑問について、不安と不満の心理状態と呼んでいる。知識が手に入らないからではなく、疑問による落ち着かない状態だ。だから、時代遅れで、愚かで、多くの場合はモラルに欠けた考えにしがみつきたくなるとパースは指摘する。よかれあしかれ逆行推論は「落ち着かないもの」なのだ。ボアズは、バフィン島の人々の暮らしに自らどっぷりと浸かっているときにこれを経験した。いったい彼は何を探していたのか。それが新しい見方だという気づきがあったが、それが何なのか命名する段階には至っていなかった。第一に、疑問による落ち着かない感覚を経験する必要があった。手に負えない不安感、全体像がよく見えない不安感だ。

学生には、このような方向感覚の喪失をめざせとハッパをかけた。逆行推論で得られる気づきにたどり着くまでの当惑状態である。この状態に身を置くからこそ、学生たちは、想定や先入観をいったん脇におき、自分自身のデータと直接向き合えるのだ。学生それぞれが、このようなコミュニティでこれまで真理として受け入れられていた見当違いで非人間的な常識を次々と覆し始めた。

ボアズの薫陶を受けた初期の女子学生、マーガレット・ミードはこの分野で革新的だった参加型民族誌学（集団の生活やコミュニティに完全に没入すること）という手法を駆使して、かつては男性研究者に不向きとされていた集団である女性・女子について質問を重ねた。サモアでフィールドワークに取り組んだミードは、宿の外に座り、現地の少女たちと数カ月かけて対話を重ね、セックスやマスターベーションのことから、不貞行為、自由、自律まであらゆるテーマについて話を聞いた。ミードは、友人や恋人、同僚の人類学者ルース・ベネディクトらに送った書簡では、自分がひどい研究者なのではないかという不安を綴っていた。同じ研究領域の同僚らの間では祭祀・儀式こそが本物の文化と考えられていたが、一連の没入型の対話に関わっていたミードは、そうした祭祀・儀式の目録作成や記録に費やせる時間が極めて乏しかったと打ち明ける。だが、ノートは何百冊にもなり、目の前のデータに膨大な時間を費やしているうちに、極めて説得力のある気づきが生まれ始めた。

中でも特に重要な気づきは、文化の理解に当たって必ずしも文化の目録化が最善の方法とは限らないという点だ。少女たちの行動を駆り立てる一因と想定していたタブーやルール、行事は、実際に観察し、自ら没入してみると、はるかに緩く、大雑把に感じた。ミードが知り合った少女たちは、自分のありうる姿、あるべき姿、あるかもしれない姿について、厳格で硬直した考えに影響を受けているようには見えなかったからだ。むしろ、彼女が経験したサモア文化は、もっと即興的で個人の文脈が色濃く反映されていた。結局、伝統工芸のカゴを収集したり、親族図を作って新生児の命名権限が誰にあるのかを調べたりすることだけが文化の研究ではなかったのである。むしろ、文化は日常生活でのやりとりや人々の自発的な交流の中で生まれていたのである。ミードのキャリアにとって最も重要だったのは、代表的な著書『Coming of Age in Samoa（邦題：サモアの思春期）』で指摘したように、少女たちが生まれつきの性差に基づく役割を意識しながら生きていないように思われる点だった。だが、当時は、そもそも仮説を立てるうえで、サモア女性が権力を持っているとか、集会で発言するとか、コミュニティの重要な問題について決定的な意見を表明するといったことなど、ハナから想定外だったのである。ところが、こうしたことは、ミードの研究対象となったサモアの少女や母親たちの日常生活の中ですべて見られた。村に暮らす少女・女性たちとの対話を通じて、ジェンダーのあり方を決めるのは生物学的要素ではなく社会であることが明らかになった。

## ベネディクトの研究『菊と刀』

同じくボアズの教え子であるルース・ベネディクトは、人類学の革新的な手法に触発されて、他の分野に生かしている。第二次大戦後、ベネディクトは、ボアズの後継として学部長を務めていたコロンビア大学の職を辞し、米国国務省に移った。国務省では得意の観察力を生かして日本の現代民族誌学に取り組んだ。ほんの何カ月か前まで不倶戴天の敵だった日本国民の心を米国人はどう理解すればいいのか。その支援を政府から任されたのだ。ベネディクトの著書『菊と刀』は、民族誌学分野としては世界屈指のベストセラーとなり、日本国内でも230万部が売れた[34]。ベネディクトは、一般の米国人が、戦争の舞台となった太平洋と欧州の文化的な違いについて、一定の認識を持てるように執筆したという。

「（人類学者のボアズは）この違いを社会科学系のどの研究者よりも弱みではなく強みとして研究に生かした」[35]とベネディクトは指摘する。

ベネディクトは、人類学の目的について、人々の違いが安心して受け入れられる世界にすることだと主張する。そして逆行推論による疑問を絶えず持ち、あらゆるかたちの人類文化に正面から向き合う姿勢は、彼女の流儀となった。ベネディクトは、『菊と刀』を通じて、日本社会で恥、名誉、階級制が果たす役割を分析し、共感的理解を生み出そうとした。この理解があったからこそ、戦後への平和的移行に道筋をつけることができたのである。日本が敗戦したにもかかわらず、連合国軍最高司令官マッカーサーは日本国天皇がその地位にとどまることを認める決定を下した。この決定を一般的な米国人にも理解できるように、文化的文脈を示す役割を果たしたのも、『菊と刀』だった。マッカーサーの戦略は、政治的、軍事的な計算に基づいて策定されたものであり、天皇の地位を維持することが米国占領下で新しい社会に安定的に移行できるという見立てがあったわけだ。そのことの重要性を米国人に理解させる一助となったのが、人類学者としてのベネディクトの研究だった。確かに、直接観察による研究としては限界もあった。今日の人類学者なら、戦時中にベネディクトが手がけたような調査は敬遠するだろう。何しろ、文化に関する通訳の作業を日本人の同僚に頼る調査だったからだ。欠陥こそあれ、同書はベネディクトが望んだかたちにはなった。つまり、人間の違いが安心して受け入れられる世界にすることに寄与したのである。

## 何よりも重要なのは疑問のレンズで自分自身をじっくり見る姿勢

現在、人類学に対してほとんどの人々が抱くイメージは、20世紀のイデオロギーに毒された学問か、21世紀の暮らしには時代遅れの学問のいずれかだ。それに、誰が誰の支配下にあるのか、誰が観察の権限を持つのか、どのようなフィールドワークなら倫理的と考えられるのか、といった点を巡り、永遠の論争がある。こうした権力を巡る問題は、重要であるとはいえ、この学問での対話の大半がこんな問題に支配されているのだ。何とも情けない話である。ボアズの調査結果や手法の一部は時代遅れの観もあるが、彼による技術革新は、観察の実践に携わるすべての人々にとって依然として大きな意義がある。

ボアズとその門下生は、文化や人間社会に向き合う際に偏見のない寛大な姿勢を重視したが、ボアズ自身、文化的相対性（さまざまな文化がそれぞれ独自の価値体系を持った対等な存在であること）を全面的に信じているわけではなかった。もっとも、ボアズの遺産を生み出したのは、この知的な独断でもあった。コロンビア大学の教員の中で、ボアズほどナショナリズムやファシズムのような運動を声高に非難していた学者はほとんどいない。ボアズは、自分が忌み嫌う文化と遭遇しても、まず見るというプロとしての責任を感じていた。まず見て、データを集め、理解しようとするのだ。そうやって初めて、文化の研究者は、何らかの結論にたどり着くのである。

私たちが暮らす世界を大きく変え、そして今日のような姿になった私たちをも変えたのは、このイノベーションである。ボアズは、他者をどのように見て理解するかを教えてくれたが、何よりも重要なのは、疑問のレンズで自分自身をじっくり見る姿勢だったのである。

# 聞く作法　社会の沈黙に注意を払う

## 「嫁の来手がない連中」という言葉が意味するもの

1959年、ピエール・ブルデューという若きフランスの人類学者が兵役中の休暇にピレネー山脈の麓にある自宅に帰ってきた。[36] 仕事でアルジェリアの広範囲にわたる地域で調査に打ち込んできたが、改めて故郷の村を訪れてみて、ここは人類学者として見ておくべき場所だと悟った。故郷のベアルンを知り尽くしていたはずだが、生まれてからこのかた、「見る」という行為の対象にしたことがなかった。慣れ親しんだ感覚を捨て去り、部外者の目で見ることができるだろうか。

ある日、小学校からの幼なじみを訪ねたときにそんな機会が転がり込んだ。その幼なじみは近くの町で下級の事務員として働いていた。幼なじみは、小学校時代のクラスの集合写真を引っ張り出してきた。小さな農村出身の同い年の懐かしい顔ぶれがセピア色の写真に並んでいた。男の子たちは、いかにも農民といった薄茶色のシャツとズボンという姿で並んでいる。みんな似たり寄ったりに見えるが、幼なじみが写真の半数ほどの子供たちを指して、冷ややかに「嫁の来手がない連中だ」とあざける。[37]彼が指さした男の子たちは、当然のことながら今は立派な成人である。共通点はそろって長男という点だ。ベアルンの農業の世界では、当時、長男の相続権を大切にし、土地を継がせるという伝統があった。だから、長男が結婚できないという考えはありえなかった。それ以上にショッキングだったのは、幼なじみが漏らしたきつい一言だ。「嫁の来手がない連中」という言葉。それは「無能」と言ったも同然だった。

　だが、土地を受け継ぎ、父親から農業の仕事を引き継ぐ長男がなぜ無能呼ばわりされるのか。長子としての立場は、むしろ正反対ではなかったのか。

　この謎は、故郷を訪ねた最初の数日間、ブルデューの頭からずっと離れなかった。「嫁の来手がない連中」という言葉が、観察で浮かび上がった重要なものであることは確かだったが、どういう重要性があるのか、理由も含めてわからなかった。幼なじみ本人にいろいろと尋ねてもよかったのだが、あまりに直接的であからさまな質問になってしまうし、たとえ質問をぶつけても、人の行動や習慣をかたちづくる基盤構造について意味のある真実がつまびらかになることはめったにない。くだんの幼なじみだったら、「そんなの当然だろ。連中を見てみろよ」と返すかもしれない。

ブルデューは、ベアルン地方について、クラスメートたちとはちょっと違う視点を持っていた。クラスメートたちは、地元の学校に進学したが、ブルデューは早い段階で近くのポーという町の寄宿学校に入っている。高校卒業後は、成績が優秀だったことから奨学金を得て、パリのグランゼコール（技術官僚養成を担う高等教育機関）に進学する。つまりブルデューは、青年の段階で、フランスでも特に裕福で人脈豊富な家庭が集まる世界に足を踏み入れていたのである。この立場から、ベアルンの生活の閉鎖性は理解できるようになったが、それだけでは「嫁の来手がない連中」という言葉を理解できない。ただただ粘り強く観察するほかない。「見る」というが、何を見るのか、どこを見るのか。

ブルデューの帰郷はちょうどクリスマス休暇だったこともあり、あるバーの奥のフロアで開催される村のクリスマスパーティに出かけてみることにした。ダンスフロアには若者たちが集まっていた。村の人々が注目する中、スポットライトを浴びていたのは次世代を担う若者たちだ。多くは地元の高校や大学に通う学生である。中には、ポーという大きな町から来た人や、工場労働者、地元の役所の職員もいる。みな地元の若い女の子たちを連れて来ている。精一杯めかしこんで、おしゃれな帽子をかぶっている。男女ペアになり、チャールストンやチャチャチャを踊る。若者たちは、この新しい音楽に合わせて巧みなダンスを披露する。未来を担う若者たちの姿がそこにあった。

ブルデューは、ダンスに興じる若者たちを眺め、フロア中央で沸き上がる興奮と感動に魅了された。ダンスを楽しむ若者たちは、まさしくその夜の注目の的だった。だが、ブルデューは、バーの片隅の人影に気づいた。明るい舞台の背景に、何やら暗い固まりが見えたのだ。よく見ると、やや年上の男たちだ。30歳間近の面々が周囲を取り巻くように突っ立っていたのである。ダンスのうまい若者たちがこのパーティを支えていたのと同じように、こうした年上の男たちもパーティを支えていたことをブルデューは悟る。ただし、照明を浴びて自信満々に動き回る若者たちと違って、年上の農家の男たちのぎこちなさは、会場の陰にいても覆い隠すことはできなかった。身体は硬直しているように見える。垢抜けない暗い色のスーツから大きな手が重くぶら下がっている。足はフロアに固定されているかのように不動だ。前景では、リズムに合わせて激しく動く足が見えるが、背景では、音楽に合わせて肩を揺らすわけでもない一群がいる。この年上の男たちは、路上の岩のように動きがなく、パーティの進行の邪魔でしかない。そこでブルデューはハッとした。これが「嫁の来手がない連中」ということか。

深夜に近づいたころ、ようやく陰に佇んでいた男たちがバーの奥の会場からカウンター席に移動し始める。先ほどまでと打って変わり、ほっとしたように自然な雰囲気に包まれている。酒を片手に、テーブルに寄りかかり、椅子に腰かけ、互いに目を合わせている。ダンスフロアの熱狂から離れてしまえば、もうウールのスーツでも野暮ったく感じない。若者たちはお目当ての相手とカップルになって、店を後にする。一方、年上の男たちは、それを遠巻きに見ながら、昔ながらの地元に伝わる歌を大声で歌い続ける。ダンスフロアに誰もいなくなったころ、男たちは古びたベレー帽をかぶり、それぞれの農場に帰っていく。

## 絶望的な独身者たちという背景から浮かび上がったある気づき

ブルデューは、フロアで踊る若者たちの大騒ぎが最も重要な観察になると想定していたのかもしれない。とはいえ、絶えず疑問を持ち続ける観察者としてのトレーニングも十分に積んでいただけのことはある。照明を浴びて誰が誰と踊っていたかは、誰もが注目する。だが、「踊っていないのは誰か」と問うことは、もっと示唆に富んでいると言えないか。注目の的でなかったのは誰か。そして、最も興味を引くと同時に、厄介な疑問と言えるのが、「結婚しないのは誰か」だ。

前景（踊りに興じる若者たち）を理解するためには、背景についての深い理解が不可欠だ。何その背景とは、暗がりに立ち尽くしていた動きのない年上の独身男性たちの世界である。何世代にもわたって、農家の社会的地位は、宝飾品や上質な服といった物質で測られることがなかった。[38] 多くの土地を持つことにより、自らの社会的価値を自分自身に、そしてコミュニティに顕示してきた。この富は、もちろん、作物の豊かな収穫があって生まれる面もあるが、むしろ父から長男へそのまま相続されるもののほうが多い。ほんの最近まで、村などでのあらゆる社会的秩序は、この相続という社会的慣行を軸に回っていた。ブルデューが子供のころには、地元の小さな村の女性たちは、農家の長男と結婚したがっていた。農場や土地を受け継ぐ立場にあり、おそらくはちょっとした結納金も期待できたからだ。

クリスマスパーティの夜の観察では、ブルデューは、絶望的な独身者たちという背景に、ある気づきを得る。彼の言う「象徴財市場」[39]（ステータスなど象徴としての財が交換される市場）の劇的な転換だ。例の年上の独身集団は、自分たちの価値の「容赦ない暴落」[40]に見舞われていた。自分たちの結婚の行方は、農業、土地、昔ながらの家中心の結婚のあり方に密接に結びついていたからだ。ダンスフロアの若者たちは今風の自由を謳歌しながら動き回り、町で仕事を求め、農村暮らしから飛び出していった。一方、家を継ぐ立場の独身男たちは、相続財産があるために古いしきたりに閉じ込められていた。所有する土地とか、それを活用するための農業の腕前は、もはや価値のないものになっていた。貿易、農具の機械化、経済全般のグローバル化という新しい世界の到来によって、彼らの足元で大きな地殻変動が起こっていたのである。この現象、つまり20世紀のフランスの地方を揺るがした社会・経済の大転換は、くだんの幼なじみがつぶやいた「嫁の来手がない連中」という言葉に凝縮されていたのだ。

あの夜を境に、ブルデューは、「真の意味で、社会とは何かわからぬままに」、それまで知っているつもりだった「社会の総合的な記述、それもいくぶん熱狂的な記述」に打ち込んだ。[41] 写真、地図、平面図、統計、遊びに使われるゲーム、車の使用年数・メーカー、人口動態など、あらゆることが「嫁の来手がない連中」という現象を理解するためデータになった。最終的に、ブルデューは、自分自身の世界を見る体系を構築したのである。その厳格さのおかげで、欧州や他の地域の農村部のコミュニティの分析について自らの気づきを検証できるようになった。ベアルンでクリスマスパーティの背景を見たことは、現代社会の出現を見る直接的な入り口となったのである。ブルデューは、この新しい社会についての執筆や講演を続け、「嫁の来手がない連中」に関する気づきを足がかりに、最終的にはフランスで最も有名な20世紀を代表する知識人の一人になった。

## 「社会的沈黙」を観察する能力

クリスマスパーティできらきらと輝く若者たちの踊る姿を見ただけで、多くの人々は観察をやめてしまう。前景を見て取ると、そそくさと観察をやめてしまう人がほとんどなのだ。観察もそこそこに、すぐ判断に移り、好奇心を失い、もっと大きな文脈を見ることをやめてしまう。

もちろん、ダンスに興じる若者たちに注意を払うことは大切である。だが、はるかに大切なのは、照明の当たらないところで発生している隠れた社会構造への意識を養うことである。暗がりに佇むわびしい独身男たちを見ることなく、クリスマスパーティ会場から出てしまうと、私たちを取り巻く現実をかたちづくっている深淵な力学を発見できずに終わる。優秀な観察者はそれを心得ているのだ。社会的文脈にある「見えないもの」（ブルデューの言葉を借りれば「社会的沈黙」）を観察する能力は、20世紀半ばのフランスの人類学者だけに役立ったわけではない。社会で何が本当に重要なのかを明らかにできるため、どのような文脈の観察にも役立つ。

例えば、私たちの文化では、消費行動を追跡することに強く執着している。日々生み出されるビッグデータや膨大な統計データがあれば、消費者の行動についてさまざまな情報が得られる。スナック菓子の購入量が増えているとか、ストリーミング配信サービスのコンテンツ利用が増えているとか、在宅勤務用の家具の注文が増えているといったことがわかるのだ。だが、私たちが「していないこと」はどうだろうか。私たちが「買わないもの」はどうか。

実際に起こったことを記録した膨大なデータセットに基づき、私たちは、マクロ、ミクロの視点からさまざまな判断を下しているが、そこに記録されていないことについて、私たちはどれほどの注意を向けているだろうか。誰が出席していたのかを問うのであれば、誰がつまはじきにされていたのかも注目せねばならないのではないか。誰かが発言しているのであれば、発言しない選択をした人物も観察すべきではないか。新しいトレンドが話題になっているとき、話題に上らないものは何なのか。こうした社会的沈黙は、私たちに重要なことを教えてくれる。ある場所や文脈の中で実際に起こっていることを本当に知るためには、起こっていないことも知らなければならないのだ。

## 言葉として表現されていないことを分析的に観察する技

このことを誰よりもわかっているのが、観察者として優れた腕前を持ち、『フィナンシャル・タイムズ』（ＦＴ）の上席編集委員も務める、ジリアン・テットだ。ジリアンは、長年にわたって金融市場や世界政治を取材しており、メディアの専門家としても著名だ。デジタル化の流れを受けて、メディアが20世紀型ビジネスモデルの再考を迫られる厳しい環境下で、ＦＴを率いてきたこともその理由の一つだ。ＦＴは現在、日本経済新聞が持ち株会社となっていて、英国人であるジリアンは、元のアングロサクソン系のルーツと新たなオーナー企業の文化をつなぐパイプ役を担っている。

だが、業界の記者の間では、ジリアンは別の理由で観察者として高い評価を得ている。さまざまな市場を取材し、世界金融危機のとんでもない根深さを理解していた数少ない記者の一人だったからだ。実際、２００８年9月に米投資銀行リーマン・ブラザーズが経営破綻に至る何年も前から警鐘を鳴らしていた。なぜほとんどの記者が気づかない中で、そのような状況を見極めることができたのか。また、どのようにして次から次へと大スクープをものにし続けているのか。一見目に見えそうもないものの中で、目に見えるものを観察する能力はどうやって身につけたのか。

こうした疑問への答えは、前出のブルデューにあり、例のクリスマスパーティにある。ジリアンは、ケンブリッジ大学で人類学の博士課程に学ぶ間に観察のトレーニングを受けた。英国や米国の金融街でデリバティブの分析や報道に携わるはるか前に、論文作成の調査のために中央アジアのタジキスタンの村にとどまり、結婚の儀式を観察したことがあった。雑音、つまりは人々の会話に出てくる話題や言葉に耳を傾ける一方で、沈黙、つまり言葉として表現されていないことを分析的に観察する技を身につけることができたのは、このトレーニングがあったからだ。

私が記憶する限り、ジリアンほど好奇心の強い人物はめったにいない。取材で世界を観察する際、自分が何を探しているのかよくわかっていないという。才気あふれる個性的な人物であるが、その働きぶりを見ていると、いつも見ることに徹していて、話すことはほとんどないことに気づく。「発信ではなく吸収」だと彼女は言う。ジリアンは、常にさまざまな領域にまたがって点と点を結ぼうとする人類学者の目を持っている。

## プレゼンテーションに欠けていた顔の見える人間の存在

そんなジリアンと知己を得たので、世界金融危機に至るまでの彼女の経験について尋ねてみることにした[42]。複雑な金融デリバティブ商品の取引をする金融機関の世界に初めて接したのは、２００５年にフランス南部で開催されたある会議だったという。ブルデューが例のクリスマスパーティに参加したときのように、ジリアンは踊っている人々と踊っていない人々の両方に注目した。会場でプレゼンテーションに立つ人々が何について何を語るのかに注目した。と同時に、何を言わなかったか、何を説明しなかったかという点にも神経を研ぎ澄ませた。金融関係者がプレゼンテーションに使うスライドの中には、新たに開発した商品などの略語が次々に登場する。例えば、債務担保証券ならＣＤＯ、クレジットデフォルトスワップならCDSといった具合だ。そして、こうした商品の価値は、ギリシャ文字とアルゴリズムで測られていた。だが、ステージ上で繰り広げられる話からは、世界の実際の人々がこうした商品をどのように使っているのかについては、まったく触れられていなかった。

「プレゼンテーションに欠けていたのは、顔の見える人間の存在でした」

そうジリアンが言う。会議が休憩になるたびに、数えきれないほどの関係者の発言を記述していった。そのほとんどは証券化の技術の話だった。彼女によれば、こうした発言は、通常、市場をもっと効率化する必要があるという考えから出たものだ。だが、「流動性」の増加と水のように流れる資本の創出について延々とまくし立てている割に、人間を主役とした話は一つとして出てこない。ジリアンは自問自答する。

「いったい、そのお金を借りるのは誰なのか。人間はどこにいるのか。この話が現実の生活とどのようにリンクするのか」

会議場の世界は、学生時代に長期間調査で滞在したタジキスタンの村のように、複雑で隠れた行動パターンがあふれていた。金融機関関係者は、デリバティブ市場を説明する略語だらけの新しい言語を流暢に操っていた。会議の参加者は、世界各地の金融の中心地から集まってきた人々ではあるが、この秘密の暗号でつながっていた。世界では、こうした人たちを除けば、誰もこの言語をマスターするどころか、理解さえできていない。それだけにここにいる人々の知識は、エリート意識の文化を醸成していた。金融機関関係者は、まるで何か特別なことに関わっているかのような感覚でいた。用語の使われ方や価値を測る指標について、ジリアンが混乱を覚えると訴えれば訴えるほど、説明の儀式によって内輪の人々のオーラが増すだけなのだ。

「ヘッジファンドマネジャーがいかに賢く、いかに金融市場をリスクフリーに転換させるかという点にあらゆる注意が向けられていました。でも、その融資を返済できなくなる巨大なリスクについては、まったく言及されていませんでした」とジリアン。

タジキスタンの村で家族のネットワークでの情報の発信のされ方を分析したように、市況・銘柄情報を提供するブルームバーグ端末の専用メッセージングシステムがますます排他的な文化を生み出している様子を観察した。最高水準の教育を受けた人々にしかわからない複雑な数学理論も交えた言葉が、このメッセージングシステム上で行ったり来たりしている。部外者が説明や責任を求めることもない。「問題は、金融機関が、外部の文脈（どのような低利の融資が借り手に提供されたか）も、自分たちの世界（閉鎖性や独特のインセンティブ方式がどのようにリスクを悪化させているか）の内部の文脈も見ていないことでした」

## 観察のまなざしを水面下の世界に向ける大事さ

2004年の会議場には、踊る人間も踊っていない人間もいたのだ。そして同時に、ジリアンは、金融ジャーナリズムの業界内で起こっていた社会的沈黙にも気づいていた。彼女が身を置くメディアという世界は、その注意を株式市場に振り向けることに慣れきっていた。つまりは、起業家やCEOを巡る印象的な人間物語とか、損益などの単刀直入な概念を示す数字やデータなど、FT読者にとって最も妥当と考えられていた記事である。問題は、自分が身を置く業界が膨大な時間を割いてこうした株式市場に注目しているために、背景で起こっているストーリーを見落としているという点だった。ジャーナリズムの世界がどのように市場を観察しているのか。ジリアンは氷山を例に次のように説明する。

「氷山の大きな部分を占めるデリバティブ市場や信用市場はほとんどが水面下にありました」

ほとんどの同僚記者は、水面上に見えている氷山の先端に注目してスクープを追いかけていたが、彼女は観察のまなざしを水面下の世界に向けることができた。

2005年の春、ジリアンは、FTの資本市場担当チームの責任者という新しいポストを引き継ぐと、ほどなくして底なしの好奇心がむくむくと頭をもたげた。前出の会議ではスライドやプレゼンテーションに人間の顔がまったく感じられなかったように、資本市場分野の金融関係者にインタビューしても、抽象的な数字、略語だらけの議論、証券化が現実世界にもたらす影響とはまるで無縁の姿勢しか見られなかった。

この文化の核にある基本的な社会通念（ジリアンは「根底をなす神話」と呼ぶ）は、「流動性」の物語だった。資本市場の世界にいる金融関係者は、誰もが同じ考えを持っていた。つまり、イノベーションに伴ってグローバルな金融システム全体が効率化するという発想だ。このように流動性が向上すれば、あらゆるリスクがシステム全体に分散する。ジリアンが説明する。

「証券化によって信用リスクが広く分散するため、もし損失が発生すれば、多くの投資家がそれぞれに小さな打撃を受けることになります。でも、重大な損害につながるほどの打撃が一人の投資家に降りかかることはありません」

このイデオロギーが幅を利かせていた。人類学者としての教育を受けたジリアンの場合、それは単なる物語の一つと理解していた。流動性の向上という話が真実でなければ、世界の金融システムの大部分がリスクにさらされることになる。他の気になる兆候に加え、革新的との触れ込みの資産は取引さえされていないことがわかった。流動性があるどころか、基本的に動いていなかったのである。ＣＤＯは複雑で、その評価方法を理解するのも大変だった。

価格形成につながる取引が少なすぎて、会計士は価値を評価する術もなかった。直接的な市場での価格決定（いわゆる時価評価原則）ではなく、会計士は格付け機関の抽象的なモデルに価値決定を頼っていた。

ジリアンは、FTでの自らの立場を生かし、警鐘を鳴らした。観察を重ねた末の2007年、何かがおかしいと察した自らの感覚を詳しく伝え、システム全体の不可解さを説明する記事を数本書いた。もちろん、その時点では市場は依然として堅調で、彼女はデマ記事を撒《ま》き散らしていると公に批判された。ジリアンは、こうした新しい金融のイノベーションを説明する際に「不透明」とか「怪しい」といった言葉を使ったのだが、そこに金融関係者が不満を漏らしていたと笑う。そして、次のように振り返る。

「その関係者は、ブルームバーグの端末にアクセスできるだけで、資本市場全体に完全な透明性があると思い込んでいたんです。世界の大部分は、ブルームバーグ端末の前に座っているわけではありません。誰もそんなものについて話していませんでした。この透明性が幻想だと指摘する人も、いませんでした」

## 優れた観察者はドクサを探している

人類学者として、彼女は文化の暗黙の規範が権力者に有利な道具となることを心得ていた。ブルデューは、語られなかったこと、つまり社会的沈黙になっていることを「ドクサ」と呼ぶ。ジリアンが次のように説明する。

「優れた観察者はドクサを探しています。語られていないことや、目の前の風景にまぎれているものですね。たとえなじみのあるものであっても、知らないものとして見るんです。そして従来とは違う方向に進むとすれば、どういう可能性があるのか想像してみるのです。そのうち、まるで自分の脳にコンピュータチップが入ったか透視能力が身についたかのように、何かが見えてくるんです。ある意味で超能力ですね」

2007年の夏、業界関係者のプレゼンテーションにも、ブルームバーグ端末のチャットにも現れたことがない、顔のない人々が現実世界の住宅ローンで債務不履行に陥り始めた。金融当局は、世界の金融システムをつなごうとしたが、悪影響の広がりは抑え込めなかった。2008年秋、世界金融危機に発展し、世界中の市場が混乱に見舞われた。米国で最も重要な金融機関10社ほどが、わずか1週間でそろいもそろって経営破綻の危機に瀕することになり、世界中の銀行が破綻を回避するための救済措置を求めることになった。当時のベン・バーナンキ連邦準備制度理事会（FRB）議長は、「世界史上、最悪の金融危機[43]」と評した。

## 話すのをやめて、耳を澄ませてみよう

ジリアンのような達人級の観察スキルは、トレーニング、実践、そして重要とあらば大勢に逆行する勇気が欠かせない。ジリアンは、自分流の取り組み方を次のように説明する。

「私のやり方には2つの要素があります。第1に、見慣れたものの中に混じる、異様なものを探すことです。自分自身を部外者と位置付けるのです。そうすれば、観察対象のシステムは、自分がそこで育ったこともないし、自分にとって一目瞭然ではない複雑なシステムを観察することになります。自分以外の関係者全員には一目瞭然のシステムです。だから、みんなそのことを考えようとも思わないのです。でも、部外者にとっては、全体がいかに奇妙かを見るチャンスがあるのです。みんなにとって見慣れたものは、私にとって奇妙なものなのです。会話でもダンスでも、往々にして力のある者に好都合なものであり、彼らの狙ったとおりに進行していきます。また、権力者による機密扱いは、権力者の役には立っても、そうでない人々、要するに無力な人々の役には立ちません」

ジリアンが使っている第2のステップは、こうした事実がどこまで違う状況に発展しうるのかと想像してみることだ。彼女は、語られていないことを見つけ出し、その理由に耳を澄ませる。自分が観察しているものとは別の状況を想像するのだ。ジリアンは、このプロセス

を通して、自分が見ているものについて気づきを得たのである。例の2004年の会議が、仮に別のステークホルダーや消費者を対象に構成されたものだったとしたら、どんな様子だっただろうか。住宅ローンを申し込もうとしている人々に訴えかけるように設計されていたら、どうだっただろうか。実際に住宅ローンを申し込む人々が会場に入ってきて、金融機関関係者に面会して融資を申し込む状況だったらどうか。金融システムを支える金融機関関係者が業務をもっと拡大する、あるいはもっと間口を広げることに意欲を持っていたらどうだろう。

クリスマスパーティでのダンスであろうと、投資会議でのプレゼンテーションであろうと、一流の観察者は、常に「その文化の儀式は何を意味するのか」、「彼らは何のためにいるのか」と自問している。ジリアンの仕事を見ると、好奇心と疑問の両方を持って世界に足を踏み入れることの大切さがわかる。部外者の役割を受け入れ、慣れ親しんだものを奇妙に感じさせている原因、逆に見知らぬものなのに親しみを感じさせている原因を問うのである。人々の話していることに満足してはいけない。何よりも大切な気づきは、対話の中で飛び交う言葉の下の隠れたところにある。氷山の水面下にある部分と同様に、世界の大部分からは見えないところにあるのだ。

話すのをやめて、耳を澄ませてみよう。沈黙の中に何が聞こえるだろうか。

# 文化的な変化を探す

## 変化はどのように起こるのか

### 原動力は世界の階級間の不平等に対する怒り

私は、バルト海に浮かぶデンマーク領の島で育った。目と鼻の先でいわゆる鉄のカーテン(冷戦時代の欧州の東西分断を象徴する表現)を挟んで東側と対峙していたデンマーク東端の島だ。1970年代から1980年代初頭にかけての子供時代、私が暮らした村では漁業が衰退し、漁師たちは職を失ってしまった。同級生の父親にも、こうした漁師が多かった。男たちは家やバーで手持ち無沙汰に過ごし、家計は火の車だった。往々にしてそうした家庭では、子供たちに対する家庭内暴力も多く、虐《しいた》げられた子供たちは、その暴力を遊び場に持ち込むようになる。私と同じ年ごろの少年たちの気晴らしはサッカーとビールだったが、私はボールもまともに蹴ることができなかった。だから、広場で恥をかくのが嫌で、自宅か村の図書館で静かに過ごすことが多かった。

地元の人々は、ほぼ全員がマルクス主義を信奉していた。島の多くの家庭がそうであったように、私の家庭も共産主義を自任していた。子供のころは朝起きると、冷蔵庫の上に掲げられたハンマーと鎌のポスターをまだ眠いまま眺めながら、ミューズリー（シリアルの一種）、バターを塗ったパンを食べるのが日課だった。島の多くの家庭は、強硬な左翼のレーニン主義を標榜するデンマーク共産党員として、政治的には当時のソ連を手本にしていた。

もちろん、子供のころから共産主義に慣らされて育つことは、キリスト教やユダヤ教、イスラム教を信仰する環境で育つことと同じような意味があった。中心的な経典（『資本論』と『共産党宣言』）があり、父なる存在（カール・マルクス）があり、大司祭（欧州の左翼の著名政治家）がいて、神の国への鍵（来るべき革命）があったからだ。預言者がしたためた大切な経典には、一連の信条がまとめられていた。労働者革命によって世界は上下がひっくり返り、来世は労働者階級にとって至福の世界が待っているというものだ。私の家族は、町の広場で共産党の新聞を売っていたが、購入する客はほとんどいない。そこで、革命に向けた資金集めや入党勧誘、人脈づくりに奔走していた。10代の私はナミビアやキューバなどの同志国で農業や学校建設のプロジェクトに打ち込んでいて、自分が信奉する思想についてじっくり考えるひまもなかった。情熱で舞い上がっていたのだ。その原動力は、世界の階級間の不平等に対する怒りだった。10代の若者にとって共産主義は、総合的で、活発で、怒れる教義だった。

革命への忠誠を誓うことは、いつも最高の仲間と一緒にいるための近道だったことも、偶然ではない。左翼は急進的でカッコいいものだった。共産主義はクールだったのだ。デンマーク、キューバ、ソ連には、青少年向けの学校があり、若者のキャンプもあった。キャンプでは、先駆者やコムソモール（共産主義青年同盟）メンバーを訓練していた。デンマーク共産党は、独自の新聞を発行し、フォルケティング（デンマーク国会）に議席を持ち、モラル面で優位にあることは疑いの余地もなかった。「社会主義者」という立ち位置は、甘いとされた。「民主社会主義」（社会民主主義）は裏切りとされた。だから、共産主義者は、保守派や右翼よりも、社会民主主義者に対する憎悪を口にするほうが多かった。

もちろん、当時の北欧では、これがごく当たり前の風景だった。国民の約3分の1は、かたちはどうあれ社会主義者だったのだ。今日では想像するのも難しいが、当時、私の周囲の人々は、ほとんどがこのエネルギーを背景に、近いうちに革命に突入すると信じて疑わなかったのである。ソ連は、私たちの未来の基盤となる公平な社会の最たるものとされていた。私の子供時代は、一つの一貫したイデオロギーに支配された雰囲気に満ちていた。それは、世界が「迫害する者」と「迫害される者」の2つの陣営に分断されているという考え方だった。資本主義は、資力のある人々がそれ以外の人々を支配するという圧制的な制度とされた。つまり、今日の貧しい人々は、過去の農民の直系の子孫というわけだ。そして、地元小学校の校長であれ、スーパーの経営者であれ、他者に対して権力を持つ者は、支配下の人々を抑圧・支配する計略に関わっているということになる。そんなふうに、私たちは現実を理解していた。抑圧されていない人間は、抑圧する側の人間とされたのだ。実に単純な構図だが、私たちの世界は、階級闘争が激化し敵による静かなる侵略が進んでいるということになっていた。

## ソ連の崩壊が始まりわかったこと

それが消えてなくなるまでには、長い時間がかかった。私がティーンエイジャーになるころに、ソ連の崩壊が始まった。私の義父も含め、共産党やコミュニティの中核グループは、社会主義と共産主義の理想をますます声高に喧伝し始めた。グラーグ（旧ソ連の強制労働収容所）やスターリン政権の話は、革命を頓挫させる陰謀だった。私は、他の新聞も読んだり、よその映画や書籍を批判的に評価したりする年齢になり、啓蒙思想の原則や表立って問いかけることこそ、社会を動かす機運につながると思うようになった。故郷の小さな島に暮らす男も女も生活は苦しく、その時点で漁業は完全に干上がっていた。グランドセオリー（一般理論）や終始変わらぬイデオロギーでは、彼らの絶望や手持ち無沙汰を解決できなかった。

そのころ、私は新しい学校に通い始め、神を信じるティーンエイジャーと初めて出会った。新しくできた友人から夕食に招かれたことがある。友人宅でクラスメートが食事の前に手を合わせて祈る姿を目にして、私は当惑した。家族全員がそろって祈りの言葉を唱えるなど、私はそれまで考えたこともなかった。その「神」の存在について尋ねると、友人一家は不思議そうに私の顔を見て、皆信じられないという様子で首を左右に振った。「なぜ見えないのか」とでも言いたげな表情を浮かべていた。世の中には目に見えない秩序があることなど当たり前じゃないか、と言いたかったのだろう。そんな自信にあふれた彼らの目に私は当惑するばかりだった。その一家が話していた神は、この世界のどこにいたのだろうか。

新しくできた友人たちの信心深さに、私は疎外感を覚えたが、それでもみんなが好きなアートや音楽、書籍など興味をそそる共通の話題はたくさんあった。彼らの信仰について考えることなどなかったのだが、ある日を境に変わった。以前から付き合いのある共産党員の友人らと夕食をともにしていたとき、そこにいる面々の目にも同じような自信が浮かんでいることに気づいたのだ。私たちは、差し迫る革命や、労働者が国を支配する日への期待について話し合っていた。その瞬間、私は激しい嫌悪感に襲われた。自分の家族の信条体系については、常々これが現実だと思い込んできたわけだが、理論上の存在や理想を基に構築された話に過ぎない。その意味では、例の新しい友人たちの家庭に存在した神と同じだったのだ。

私の革命への情熱は潮が引くように冷め始め、共産主義という思想の単純さに息苦しさを感じるようになった。いつもの朝食を食べながら、キッチンのテーブルに置かれた新聞を眺めていると、革命は差し迫っていると告げる見出しが目に留まった。すぐに新聞を閉じた。すでに、この新聞の言葉は何も信用できなくなっていた。

## 世界の複雑な現実を観察せずに真実を知ることなどできない

1989年11月9日、中学3年生のクラスで数日間のベルリン旅行があった。まさに例のベルリンの壁が崩壊した日だった。ベルリンの壁が崩れ、それと同時に、私の存在を支えていた統一的な秩序のように見えていたものも崩れ去った。崩れ去ったのはマルクス主義のイデオロギーだけでなく、私にとっては、イデオロギーというもの自体も崩壊したのである。じっ世界や世界の仕組みが確かだと思える信念など、まったく魅力が感じられなくなった。じっくりと自らを見ることもなく、抽象的なモデルや受け売りの知恵、単純な枠組みで真実を見つけようとする人には、抵抗感を覚えるようになった。私たちを取り巻く世界の複雑な現実を観察せずして、真実を知ることなどできない。

もちろん、共産主義は今ではすっかり廃《すた》れてしまい、そんな信念をどうやって維持するのか想像することも難しい。だが、イデオロギーは姿を変え、あらゆる政治運動や職業、コミュニティグループに浸透し続けている。今、周囲を見回すと、完全な自由市場を信奉する話や、有機栽培の農産物への信仰にも似たような入れ込みようも見られるし、汎用ＡＩがすでに完成しているといった迷信もある。だが、私は、この子供時代の経験のおかげで、何かが確実だと熱狂することとは距離を置く免疫ができた。そのようなイデオロギーは、私の子供時代に指針となっていた抽象的な原則と構造が似ている。

ベルリンの壁の崩壊を受け、私はイデオロギーがどのように定着し、文化間で知覚がどのように変わるのかを理解するための探求に乗り出した。私にとって、もはや歴史に道理などないし、物事の説明に簡単な方法など存在しなかった。人は、一つの見方から別の見方に切り替える際に、言い換えれば、一つのゲシュタルトから根本的にまるで違う別のゲシュタルトへと切り替える際に、新しい見方を認識することなくどのように切り替えるのだろうか。さまざまな知覚がどのように合体し、政治的状況や文化全体に溶け込んでいくのか。そして、観察者に最も重要なスキルなのだが、あたかも嵐が近づいている兆候を感じ取るかのように、こうした変化の到来を見て取ることはできるだろうか。

## エルネスト・ラクラウのツール

私は、アルゼンチンの政治理論学者、エルネスト・ラクラウのツールを活用し、こうした疑問に対する答えを見出した。ラクラウは、イングランドのエセックス大学で政治理論の教授として長らく研究者としてのキャリアを積んでいたが、若いころの社会変化の経験から、分析の枠組みづくりに取り組むようになった。そして電気の流れのように、文化の中に見られる社会変化の流れを詳細に示す手法を考案した。物事を視覚的に考えるタイプのラクラウは、社会の中で固まりとして移動する価値観や信念を図式化・可視化する方法を説いたのである。

ラクラウは著書の中で、地震のたとえを頻繁に使う。ある客観的な現実がある。地震の発生だ。だが、それは何を意味するのか。この出来事の重要性は、文脈によって異なる。地震は、ある文化ではプレートテクトニクス（プレート理論）で表現され、また別の文化では、神の怒りで表現される。ある地震が起こり、その意味を理解することに少しでも期待が持てるのであれば、その文脈内で、地震の価値と重要性を明らかにしなければならないことは誰もが同意するはずだ。

エルネスト・ラクラウは、一つの言葉を巡る意味の変化を「等価性の連鎖[44]」と呼んだ。私たちが考える良いことと悪いこと、健康的なものと不健康なもの、合法と違法のそれぞれに境界がある。この境界線までは、明確に定義されていて、安定的で普遍的と想定できる。だが、これが当てはまらないケースがある。社会は常に変化しているからだ。「自由」という言葉はどうだろう。こういう言葉は、等価性の連鎖で他の言葉と結びつけない限り、意味を表すものとしては空っぽである。ひとくちに「自由」と言っても、米国で経験する自由のように、「小さな政府」、「低税率」、「個人の自立」といった言葉とつながる自由か。あるいは私が生まれ育った北欧で経験したように、「自由」は「大きな政府」、「高税率」、「小さい不平等格差」につながる自由か。どちらの「自由」のありようも、それが存在する文脈の中で意味がある。だから、自由という言葉自体は、他の概念との関係が生まれるまでは意味がない。連鎖する概念を直接観察し、そこから「自由」は最大の価値であることが見えてきたとき、その意味をラクラウが考案したツールで可視化できる。人々が求めている自由とは、しっかりとしたセーフティネットのある社会で生きる自由なのか。それとも、個人の自由こそ最も優先度が高いのか。このようにして、「自由」の本当の意味が見えてくるのである。

ベルリンの壁崩壊の時代に共産主義者として育てられた私が、イデオロギーに非常に敏感になったように、エルネスト・ラクラウは、1940年代のアルゼンチンで過ごした子供時代に、社会的ダイナミズムへの同調力を磨いた。ラクラウは、カリスマ的ではあるが気まぐれな指導者、フアン・ペロン大統領に支配された国と文化の中で育った。ペロンの政治革新は、反共を声高に掲げながら、労働者階級の権利強化と社会福祉給付を組み合わせたものだった。だから、資本主義に疑問を呈することも、生産手段の国有化を打ち出すこともなかった。ペロン政権下の新生アルゼンチンでは、「労働革命」は、マルクス主義のイデオロギーとは抜本的に切り離されたものだった。

こうした変化を目の当たりにしたラクラウは、それぞれの文化で重視されている制度や理想がいかにもろいものかについて、独特の感受性を備えるようになった。歴史の物語は、変化の過程の中で、ときとして形を変えながら語り継がれていく。彼はそのさまを「水の中で絵を描くようなもの」[45]と説明する。そして水中で描いた絵はいつまでも残らないことを確信する。ペロン統治時代には、「革命」、「自由」、「社会主義」という概念がいずれも水中で描かれた絵だった。当然、絶えず変化しながら、議論の対象となったのである。

今日、ラクラウのツールは、人や社会コミュニティの直接観察の結果を分析する際の指針として誰でも利用できる。では、人々は意思疎通にどのような言葉や概念を使っているのか。そしてこうした言葉や概念から、人々の行動を導く社会的文脈について、どのように深い気づきが得られるのか。

## 変化自体のツールはどこにあるのかを知りたかった

いくつかの例を考えてみよう。社会を暴力的な犯罪行為から守るために、市民を監視することはいいことか、悪いことか。監視は安全・安心と結びつけていいのか、それとも自由の侵害や危険な行き過ぎと見るべきか。公平な社会とは、市民のプライバシーと個人の権利を優先する社会か、それとも危険あるいは不適切とみなされる行動を罰することで大きな利益を守る社会か。自分が生まれ育った世界が、こうした疑問に対して確固とした視点をつくることになる。それでも、改めて言葉や概念の意味を問い直してみると、ほとんどの人々が今日は真実だと思っていたことが、明日には変わってしまう。

私が初めてラクラウを知ったとき、頭の中で爆弾が炸裂したような感覚に陥った。私は、コペンハーゲンの学生寮で長時間をかけて一気にラクラウの著書の主要な部分を読み切ったのを機に、ラクラウの著書の虜《とりこ》になった。私の子供時代の背景は、資本主義を打倒する労働者階級の物質的な欲求が土台にあった。私は、それが理論的に正しいと理解していた。その構造的な分析に異議を突きつけるのは、いわば異端だった。自分が子供のころは、言葉に出すかどうかは別にして、とにかくそういうふうに思い込んでいた。だが、コペンハーゲンの学生寮で冬の日に手にしたラクラウの本には、私たちが暮らす世界を定義している構造は絶えず進化していて、私たちが意見を表明する機会もあると書かれていた。「資本」、「労働」、「民主主義」をはじめ、「自由」や「富」、「科学」、「プライバシー」、「健康」、「保護」といったさまざまな言葉や概念の構造は、分析したり、はっきり見たりすることができるだけでなく、本質的に流動的なものだった。私は、世界がそれまで聞いたこともないような流動性をもって動いているなどと考えるきっかけを与えられたこともなかったし、そもそもそんなことは許されなかった。そこに救世主が現れたのだ。その本には、私の過去の窮屈な世界観を根底から覆す言葉があったのである。

私は、大学卒業後、コペンハーゲンに本社を置く新聞社に入社し、ロンドン特派員を務めた。その気になれば、同時代を生きる憧れの人物たちにもインタビューできる立場にあった。実際、数々の著名な社会学者や世界的に有名な哲学者にも話を直接聞くことができたが、一番心に残っているインタビュー相手が、エルネスト・ラクラウだった。おそらく何ページにもわたる記事が書かれ、自宅にカメラマンも撮影にやってくると思ったのだろう。ラクラウは、20代そこそこのどこの誰かもわからない私のインタビュー依頼を受けてくれた。ラクラウの妻は著名な政治哲学者、シャンタル・ムフで、夫婦共同でも極めて重要な書籍や論文を執筆していた。

数週前からインタビューの準備に取りかかったので、当日は、政治的に異議を唱えたり、左翼的な態度で応じたりする失態をさらすこともなく、ラクラウ夫妻の考え方をじっくり聞くことができた。私が関心を持っていたのは、世界がどう変わるべきかというラクラウの意見ではなく、むしろ変化自体の仕組みだった。人々の世界の見方が突然変わるとすれば、いったい何が起きているのか。私の関心はそこにあったのである。いつ、どのようにして変化が生まれるのか。今後の変化を見るためのパターンはあるのか。

冬のロンドンは、ずいぶんと陰気でひっそりとしている。ラクラウの自宅があるノースロンドンへと向かう列車は特におもしろみに欠ける。私の座席から前方に目をやると、くすんだ色の帽子やスカーフが背もたれの上にはみ出しているだけだ。車窓に目を転じれば、陰鬱な雨の中、低所得者向けらしき公営住宅のぼんやりとした姿が次々に現れては消えていく。突然、車両のドアが開くと、まばゆいほどの鮮やかな赤のスカーフをまとった女性が乗り込んできた。ロンドンの冬のぼんやりとした情景がモノクロ映画だとすれば、この背景に、いわゆる総天然色の女性がいきなり登場したのである。シャンタル・ムフ、その人であった。何という幸運。私もムフも同じ駅で列車を降りた。ノースロンドンの灰色の朝、生気を感じさせるものは、通りを歩く彼女の真っ赤なスカーフと口紅しかない。

私がラクラウ宅に到着すると、本人が玄関に出てきてくれた。そこにムフが軽やかに家に入ると、奥に消えていった。その結果、私の目に映っているのはラクラウだけだった。その小柄な体格は、まるで書斎に飾られていた茶色い陶器のフクロウの置物にそっくりだった。是が非でもラクラウに話を聞きたかったのは確かだだが、同時にムフの存在、その場をパッと明るく照らし出すカリスマ感あふれる輝きも気になって仕方ない。まだ午前11時だというのに、ラクラウが、こちらの心を察するかのようにグラスにたっぷりのホットウイスキーをすすめてくれた。待ってましたとばかりに、ありがたくいただいた。やがてラクラウは、部屋が暗くなるまで、変化の構造についてじっくり語ってくれた。

## あらゆるものは変化する可能性があり変化するものだ

その日のインタビューを通してラクラウが伝えたかったのは、世界について私たちが真実だと想定していることであっても、例外なく変化する可能性があり、また変化するものなのだという点だ。ある日にベルリンを分断する壁が造られるのなら、別の日には崩壊するのである。石とレンガでできた壁ではあったが、指の間からこぼれ落ちる水のごとく、結局は不安定なものであった。ラクラウとムフは、この経験について、激変がもたらす「転位」と呼んでいる。夫妻の共著には、(1)耐え難い高失業率にある期間、(2)不平等と差別がある期間、(3)通貨暴落または耐え難い水準の高税率にある期間、の各シナリオに分けて、この転位を予想する手法が明示されている。こうした転位の期間には、政治的アイデンティティを超えた協力や、新たな説得力ある考え方が生まれても何ら不思議ではないと夫妻は主張する。

2人が残した哲学は、特に政治理論と絡めて語られることが多いが、私としては、どのような文脈や文化でどのように変化が生まれるのかを理解する観察ツールとして紹介したい。私がコンサルタントとして関わっているあらゆるプロジェクトでも、人々が自分の世界の意味をどう見出しているのか深く読み解くために、2人のツールを活用している。

例えば、会社の上層部は、自社の社員を「同僚」とか「協力者」、「従業員」などいろいろな呼び方をする。どの言葉を使うかで、聞いている者には意味合いが違ってくる。私のクライアントである大手金融機関のトップは、従業員について「チームメート」という表現を貫いている。ところが部下の間では侮辱的と受け止められていた。実はこの金融機関では、社風全体に矛盾が蔓延していた。部下との対立があると、経営陣はすぐ訴訟に持ち込んで解決しようとしていたからだ。「チームメート」という言葉には、「平等」、「友愛」、「忠誠」といった価値観・信念が結びつくものだ。だからこそ、この金融機関の従業員は「チームメート」と言われても、真実味が感じられなかったのである。「チームメート」という言葉が、組織全体で不信感を生み出し、危機を煽っていたのである。

組織で働く人々は、「同僚」、「効率」、「良好な経営」などの概念にどのような意味や重要性を付与するのだろうか。経営陣と従業員は、主要概念の定義をどのように話し合うのか。組織や文化の中で、概念のさまざまな定義に誰がどのような興味を持っているのか。どのようなプロジェクトであれ、活動であれ、直接観察の結果を収集したら、ラクラウとムフの可視化ツールの出番である。変化は必然であるから、観察者としての仕事は、変化がどこで、どのように発生するのかを見出すことだ。その疑問への答えは、ときに驚くべき内容であることもある。

私が率いるコンサルティング会社、ReDのリサーチチームも、まさにこうした発見をしている。私たちは、米国を代表するピックアップトラック、フォードF－150を手がけるエンジニアチームのパートナーとして、ドライバーが「アウトドア」「環境」「保護」「自然」「気候変動」といった世界にどのような意味を見出しているのかについて理解を深めようとしていた。F－150を購入し続ける得意客がガソリン車を下取りに出して、電気自動車版のF－150に乗り換えるのは、いつのことなのか。F－150のエンジニアチームはその見極めに苦労していた。新しいかたちで電気自動車とドライバーを結びつける余地はあるのか。すでに変化が生まれているとしたら、どこで発生しているのか、特定できるだろうか。それも、社会的な慣行や信条の前景ではなく背景の中で、だ。そこで、そのような変化の可能性を見極めるため、F－150オーナーの一例としてトビーという客の日常を追った。

## 「釣りは心にも体にも魂にもいいことなんだ」

トビーは、夜明け前の暗い道を歩きながら、新調したての2メートル超のリール付き釣竿を手に、いても立ってもいられない様子だった。今日こそ、テキサス州南端のメキシコ湾で記録破りのサイズのレッドフィッシュ（レッドドラム）を釣り上げようと期待に胸を膨らませていた。愛車のF－150に父親譲りのボートを積み込み、息子をともなって午前2時にヒューストンを出発した。明け方4時。朝6時の日の出までに、運んできたボートを船着き場で下ろし、ボートのいけすを餌でいっぱいにして、準備万端整えたら釣りの開始だ。暗闇の船着き場は、朝4時でも気温は摂氏26度以上あって湿度も高い。テキサス南部の本土とパドレ島の間には、高塩分の礁湖、マドレ湖がある。その浅瀬の水温が32度を突破すると、釣りは難しいものになる。厳しい日中の太陽は、平坦な白い光で礁湖全体を照らし出し、ベテランの釣り人でも目が眩《くら》んでしまうほどだ。

トビーも、子供のころは父親に連れられ、その後もこの礁湖で何十年と釣りを楽しんできた。そして今は自分の息子のマットを連れて釣りに興じる。この週末の挑戦を楽しみにしていた。父親から教わったおすすめのポイントがいくつかある。何しろ父親は文字どおりのエキスパートだった。だが、レッドフィッシュという魚は、ポイントを探すことよりも釣り上げることのほうが何倍も難しいことは子供のころから叩き込まれてきた。車を停《と》め、息子のマットが餌を準備してから、出港し、礁湖に差し掛かったころに夜明けを迎えた。

トビーは、鋼《はがね》のような色の礁湖の水面をどう読めばいいのかマットに手ほどきをする。ラグナマドレ南部の大半は、水深が1メートルもない。しかも、水底には、3～4メートル弱の泥穴がところどころにある。ボートは、60センチ程度の浅瀬でも、水上を滑るように航行できる設計になっていて、水草の多い水底に近づける。だが、父親はGPSの位置情報に頼ることがほとんどなかった。水面の波紋を見るほうが、はるかに有用だったからだ。水面下の褐色が濃くなると、魚の群れがいるサイン。おそらくはレッドフィッシュか淡水マスだ。トビーは、こうしたポイントの読み方を息子に伝授する。好条件の風とはどういうものか、水深ごとの水の塩度、水底の健康状態、繁殖サイクル（成熟期か、非活発期か）の意味を伝えたかったのだ。レッドフィッシュは、湖底の端に沿って回遊するため、そこまで気を張らなくても、鋭く目で追っていれば、黒い固まりが水中で動いているのが見えるはずだ。また、トビーは、水草も注意深く見ている。正午、オレンジ色に輝く太陽の下でじっとボートに座って眺めていると、藻が生えた水底をレッドフィッシュが穴を掘って佇んでいるのが見える。言い換えれば、藻のない場所は、奥深くにレッドフィッシュがいることを意味するのだ。

　トビーの夢は、沿岸保護協会主催のスタートーナメントという釣り大会でタグ（標識）付きレッドフィッシュを釣り上げることだ。わずかしかいないタグ付きを釣り上げることが入賞の条件なのだ。父親が数年間連続で釣り上げたことのある獲物でもある（同大会は釣った後で再放流するルール）。毎年、沿岸保護協会（ＣＣＡ）では、タグ付きのレッドフィッシュ60匹以上をラグナマドレに放流している。トーナメントでは、タグ付きレッドフィッシュを釣り上げた参加者は、先着５名までに賞品としてＦ－１５０テキサスエディションＸＬＴスーパーキャブが贈呈される。コンテストは、メモリアルデー（戦没将兵追悼記念日、５月の最終月曜）前の週末から、レイバーデー（９月の第1月曜）前の週末まで開催されるが、これまでにタグ付きはまだ２匹しか釣り上げられていない。もし彼が残る３匹のいずれかを釣り上げることができれば、証拠となるタグを取り外し、魚の重量を記録してから礁湖に戻す。そして、賞品の車に颯爽と乗り込み、ヒューストンの自宅に帰ることができる。

賞品だけが目当てではない。息子に豊かな礁湖を見せたかった。自然という資源を大切に守る人々にとっての豊かな地である。だから彼の車には、毎年、ＣＣＡのステッカーを貼っていた。自然を守ることは、一家の生き方でもあった。父から息子へと伝統を受け継ぎ、礁湖の水質を保全し、豊かな資源を乱獲から守ることであり、また、コンピュータやメール、ストレスから離れたひとときを大切にすることでもある。水は瞑想状態に近づく一歩とトビーは考えていた。マットの背中をポンと叩きながら「釣りは心にも体にも魂にもいいことなんだ」と語りかける。

トビーは、ＣＣＡに年会費を納めているのはもちろん、ラグナマドレの礁湖に関する深い知識と敬意を持ち、環境保護活動に熱心であることに疑いの余地はない。だが、トビーでも、その父親でも、あるいはトビー一家の誰でもいいのだが、「あなたは環境保護活動家か」などと尋ねようものなら、「とっとと家に帰りな」と追い返されるはずだ。

ガイドを雇って海に出てくるような金持ちの銀行経営者や企業重役に対して、トビーやいとこらは、いつもそんな罵声を浴びせていた。ガイドという仕事には大きな敬意を持っている。友人も多い。だが、本来なら子供のころに父親から教わっておくべきなのに、いい大人がガイド任せにするという発想が哀れに感じるのだ。見ず知らずの人を雇って、釣りを教えてもらうなんて馬鹿げている。礁湖の生態系を監視するのに、グラフや図を使うのも愚か者だけだ。本当にここに自分の居場所が欲しければ、水の上で過ごす昔ながらの仕事をする必要がある。それがトビーの信条だ。

トビーは、アウトドアで過ごす時間を大切にしていたが、環境保護主義者かといえば、それは違う。だが、その違いは何か。「アウトドア」「環境」「保護」「自然」「気候変動」といった言葉の間には、前出の元アルゼンチン大統領、フアン・ペロンの「労働者革命」と「共産主義」との関係と同じくらい大きな文化的距離がある。Ｆ－１５０は、フォードのベストセラー車であり、ピックアップトラック系では北米きっての高収益製品とされるなど、大きな変更もなく存在し続けている。同車を支えるエンジニアチームが何らかの変更を加えるなら、ユーザーにとってこの車の価値観やコンセプトが何を意味するのかを明確に理解しておく必要がある。例えば、トビーやその父親、いとこたちをはじめ、F－150を日常生活の相棒として使いこなし、何台も乗り続けている北米の何百万人ものF－150オーナーが納得できる変更でなければ、刷新はおぼつかない。

## F－150という車の経験を少しでも深く理解するために行ったこと

2016年、私が率いるコンサルティング会社、ReDは、F－150のエンジニアチームからの委託を受け、テキサス、コロラド、カリフォルニアのF－150オーナーを対象に、かなり踏み込んだ観察調査を実施した。F－150という車に対するオーナーの経験を少しでも深く理解するためだ。例えば、女性にとってこのピックアップトラックはどのような役割を果たしているのか。ユーザーが必要とする重量物の引き上げ、引っ張り、牽引といった作業は、F－150の能力で十分に対応できるのか。改良するとすれば、どこか。

この観察作業で重要な役割を担ったのが、文化変容を分析するためのラクラウとムフの理論だ。Ｆ－１５０のオーナーは、自分を取り巻く「環境」にどのように関わっているのか。それは「アウトドア」での過ごし方の目標と、どのように違うのか。私たちのリサーチャーが何週間もかけて、米国各地のＦ－１５０オーナーの暮らしにどっぷりと浸かってみる前から、自動車産業の中心地であるデトロイト界隈では、誰に会っても、電気自動車化は選択肢にないと口をそろえる。

１９９０年代から気候変動問題の活動家らは、電気自動車の製造・販売が大きく主流になろうとしているとアピールしてきた。１９９６年には、ゼネラルモーターズが、初の電気自動車「ＥＶ１」を鳴り物入りで発売した。化石燃料に縛られないという将来のビジョンを反映したものだった。だが、それから10年も経たない２００３年に同モデルは打ち切りとなり、顧客に落胆が広がった。『誰が電気自動車を殺すのか』と題したドキュメンタリー映画では、自動車業界には、電気自動車を主力車として生産する意欲がないと指摘していた。ＥＶ１失敗以降も、シボレーがハイブリッドモデル「ボルト」に挑んだが、失敗。日産はＥＶ「リーフ」を投入したが苦戦した。米国の自動車オーナーは、自動車業界関係者が想定するように、航続距離が限られている点や充電インフラの未整備（特に農村・田園地帯）、ガソリン車との価格差に懸念を抱いていた。

これらは、最初から想定されていたことだ。だが、米国自動車産業が電気自動車に及び腰だった一方、イーロン・マスクは、テスラを引っ提げて、この空白地帯に乗り込んだ。ほかのスタートアップも続いた。１００％の電気自動車は都市部の富裕層にとって、単なる流行りにとどまらない世界があることを示したのだ。２０１８年、テスラは22万台以上を販売し、[46]もはや最大の競合は米国メーカーでも欧州メーカーでもなくなっていた。中国系の国営企業「北汽集団」だ（訳注：その後、中国ではＢＹＤが急成長し、テスラの強敵になっている）。

　デトロイトは警戒していた。業界ウォッチャーは電気自動車市場の拡大を予想していたが、電気自動車が小型、高速、高級を追求する客以外の層にも食い込めるかどうかははっきりしなかった。イーロン・マスクのテスラのほか、もっと抜け目のないシリコンバレーのスタートアップは、気候変動問題を中心に、「化石燃料の使用を抑え、地球温暖化にブレーキをかけるときだ」と、電気自動車ならではの価値を訴えていた。このスローガンは、ニューヨークシティ、サンフランシスコ、ロサンゼルスなど大都市に暮らすドライバーをターゲットにしている。こうした人々は、ホワイトカラー労働者が多く、グラフによる表現やプレゼンテーションを見慣れた人々だ。$CO_2$排出量データや海洋酸性化測定値の図表を見ることは、科学的、定量的なデータポイントを通じた通常の情報収集法の一つである。テスラは、こうした消費者に語りかけ、彼らのニーズに応えたのである。その顔ぶれは、生活スタイルの変更も厭わない熱心な環境保護活動家から、どちらかと言えば温暖化緩和に手軽な方法で役に立ちたいと考えている層までさまざまだ。2016年、私の会社が手がけた観察プロジェクトが始まった当時、自動車の電気化は地球を思いやることであり、地元や個人のニーズよりも、全体的、抽象的な善を優先させることこそが、消費者の選択といった説明をよく耳にした。

## 「気候変動」のためのEVから「実用性」のためのEVへの文化的変化

だが、私たちが見出した事実は少々異なる。トビー一家のような人々とともに過ごしてみて、F－150のオーナーは健康的で豊かな生態系に深く入れ込んでいることに気づいたのだ。だが、「環境」という言葉との関係性は異なる。ラクラウとムフのツールを使えば、こうしたオーナーたちにとって、「生態系」と「環境」は、「等価性の連鎖」が異なることになる。「環境」とは、彼らの日常生活上の不安や義務とは無関係に見える言葉なのだ。彼らにしてみれば、「環境」は、どこかの「熱帯雨林」といった言葉と同義なのだ。抽象的で、距離感もある。ガイドを雇って釣りの仕方を学ぶような人々のライフスタイルを思い起こさせる言葉なのだ。「環境」は、グローバルな都市では富とエリート意識に関わりがあり、地元の土地に関する具体的な懸念からは遠く離れた関心事として、投資銀行、企業統治、ソフトウエアエンジニアと関わりが深い言葉だったのである。

　私たちが数年にわたる世界規模の調査に着手してみて、F－150のオーナーの間で電気自動車への切り替えが選択肢に入っていないことも、なるほどと思えた。結局、熱心なF－150オーナーに、グラフやチャートを使って気候変動の問題を訴求することは的外れに思われたからだ。ある意味で、彼らに対する究極の裏切りであり、失敗は目に見えている。だが、当社リサーチャーがF－150オーナーと同じ暮らしに数カ月間没入し、直接観察してみると、そこには別のストーリーがあったのである。私たちは数年をかけて何百時間に及ぶインタビューを記録し、何千ページもの民族誌学的メモをとり、当社からの参加メンバーが記載した日誌も検討した。その結果、オーナーに関する私たちの思い込みをいったん捨て去り、逆行推論の疑問をもって捉える必要があるとわかった。私たち観察者チームは、トビーのように日常の相棒としてF－150に乗る男性、女性とともに過ごしたところ、知覚が変化する可能性を大いに感じることになった。変化は、予期せぬ場所から発生していた。コロラドの消防士、ローリーは、非番の貴重な休日に、妻と山間のドライブに出かけ、高台にF－150を停めて夕日を眺めていた。荷台にブランケットを敷き、そこで星空の下のピクニックとしゃれこんだ。シャロンというダラス在住の女性は、似たような家が並ぶ郊外の住宅街に暮らしている。ある日、F－150で出かけたが、テキサスの裏道で迷い、「えー、ここはどこなの？　どこだかさっぱりわからないわ」と思わず声を上げた。テキサス中部の農家は、農地の様子のチェックや農業用品の輸送にF－150を使う。近いうちに引退し、農地で牛を育てる持続可能な農業の研究に取り組むという。

こうした人々にとって、電気自動車は必ずしも選択肢に入らないわけではないことがわかる。デトロイトの関係者なら、そんなはずがないと言い出しそうだが、そうとは限らないのだ。むしろ、電気自動車こそ、「環境」という抽象的な、シンクタンクが使いそうな世界に閉じこもらず、日常の「アウトドア」という実際的な世界で有効であることを証明してみせなければならないのだ。だから、電気自動車版F－150がめざす姿も、実用性を強く打ち出す必要がある。

内燃機関と異なり、電気モーターの場合、オンにした瞬間に車両に電流が流れ、最大トルク（回転力）を瞬時に味わえる。例えば、ご近所のボートを運んだり、仕事で州を横断してトレーラーを引いたり、家族で出かけたときに後部座席でみんなの携帯電話を充電したりする場合に大きな威力を発揮する。電気自動車であれば、こうした生活を送っている人々にとって暮らしが便利になる。

彼らは「環境」を軸としたストーリーとはまるで無縁である。フォードが電気自動車版のF－150を熱心なオーナーに売り込むのであれば、化石燃料に対する環境保護活動家の懸念を前面に押し出すのではなく、アウトドアを堪能する実用的な資産として演出できるはずだ。実用性の価値を前面に押し出して電気自動車を販売する初のケースになるはずだ。ラクラウのツールにより、「気候変動」のためのEVから、「実用性」のためのEVへの文化的変化が浮かび上がったのである。

## 変化はときとして誰もその存在に気づかないうちに発生する

2022年4月、フォードは、初のF－150のEV版「F－150ライトニング」を発売した[47]。同社は、「大衆のための電気ピックアップトラック」とのキャッチフレーズで売り出した。価格帯がF－150のガソリン車と同等で、連邦政府による7500ドルの税優遇措置を利用すると、むしろわずかながらガソリン車を下回る価格になる。航続距離230～300マイル（370～482キロ）を実現するバッテリーを搭載し、人口密度の低い田園地帯に暮らすユーザーでも安心して長距離ドライブが楽しめる。ピックアップトラックに求められる牽引、運搬、オフロード走行など、大きなエネルギーが不可欠な作業をこなせる一方、キャンプやトラック上での作業、各種ツール類への電力供給（F－150は、住宅での2日間分の電力を供給する能力あり）に対応する。2022年6月、フォードは、同社EV

の売上高が2021年比で77％増になり、全体としての売上高も30％を超える増加となったと発表した。[48] これは、新しいF－150ライトニングの需要に支えられた部分が大きい。

ラクラウとムフの談話分析ツールは、プロジェクトに関わる全員が変化の可能性を捉える一助となった。観察者である私たちは、世界がどのように変わるべきかとか、どのように変わる可能性があるかといった意見にあえて耳を傾けないようにした。むしろ、観察可能な変化が現実にどのように起こっているのかというメカニズムに目を向けたのである。ある集団にとって、ゲシュタルトはどのように変化したのか。F－150の車両エンジニアにとって最も重要なのは、その変化がいつだったのかという点だ。F－150オーナーの生活という背景の中で、この変化の発生を特定してみたところ、文化を通じて現在の流れを示す機会が明らかになった。ラクラウのツールが示しているように、変化は、ときとして誰もその存在に気づかないうちに発生する。「まるで夜の泥棒のように」やってくるのだ。

# 細部を観察する

## 気づきへの入り口を見つけるということ

### 達人からの学びの生かし方

20世紀前半にニューヨークシティで生まれ育ったとしよう。街の人々の暮らし、劇場、地下鉄を思い浮かべてみよう。自分の名前も言えないうちから、人々の話し声や笑い声、叫び声など周囲の騒音を快適に捉えるようになる。有無を言わせず、自分の周囲で生活が営まれていく。赤ちゃんのころは、人混みから人混みへとベビーカーに乗せられて動き回る。歩道は人であふれている。赤ちゃんの目には、いろいろな人の顔が入ってては消えていく。成長が進むと、通りや玄関、店頭など至るところから、人々があふれ出てくる様子にも慣れてくる。むしろ、誰もいない街角やガラガラの地下鉄の車両が異常に感じるようになる。

ニューヨークシティで育ち、大人になってもそのまま住み続けると、十数歩も離れていないところに別の人間が存在することも当たり前になる。日常生活の中で、他人がずいぶん近い距離にいる。互いに眉毛の1本1本がはっきり見えるような距離で、耳の汚れや無精髭までわかってしまう。誰にもわからないように独り言を口にするのは不可能に近い。

では、同じ時代に、テキサス州中部に広がるヒルカントリーという丘陵地帯で育っていたらどうか。最初に欧州からこの地にやってきた人々は、「どこまでも地平線の続く土地」と呼んだ。丘の上にたどり着いたと思ったら、まだまだ坂道が続いていて、それが永遠に繰り返されるように感じたからだ。

最初に挙げた大都市の経験（20世紀中ごろの人口密度の高い大都市での暮らし）と、2番目に挙げた何もない大地での経験（人も見当たらず、空高くに雲が流れていく広大な丘陵地帯）に基づく知覚は、どのように橋渡しをすればいいのか。そのようにまったく違う世界に生まれ育った者同士は、相手をどのように理解するのか。故郷の感覚があまりに違い過ぎる場合、2人が共通目的に向かって協力するためには、どのような観察スキルが役に立つのか。双方の間にある入り口は、知覚上のどのような想像力で生まれるのか。

こうした疑問を解決する一つの方法が、達人に学ぶことだ。達人は、想像力をどのように駆使して、直接観察の生データを意味のある視点に転換するのか。ここでは、観察対象の細部から気づきを得る方法について考えたい。

## 自らの身体を独創的な生活の中に没入させる

ロバート・カロは、1935年にニューヨークシティで生まれ育った。プリンストン大学に学んだ後、日刊紙『ニューズデイ』の記者を務めたカロは、得意の観察眼を生かし、ニューヨークシティの歴史に残る都市計画専門家、ロバート・モーゼスの研究に取り組んだ。カロは、ニューヨークシティを代表する有力者の物語を記すことが、無力な人々の物語をたどることになると考えた。よく目立つダンサーに着目すれば、ダンスに招かれなかった人々への理解を深められるのと同じ理屈だ。カロが初めて手がけた伝記『ザ・パワーブローカー』は、1974年に発売されて話題を呼ぶ。モダン・ライブラリーによる20世紀最高のノンフィクション100冊にも選ばれている。

カロは、ロバート・モーゼスを取り巻く権力の構造を観察しているうちに、もう一人の伝説的な人物の人生に関心を持つ。1963～1969年に米国大統領を務めたリンドン・ジョンソンの人生、そして政治の世界での60年近くに及ぶ彼のキャリアに着目したのである。当初、カロは、上院時代や大統領就任後のジョンソンの政治的才能について深く理解したいと考えていた。ジョンソンの人生をまとめた『The Path to Power』は、全5巻からなる第1巻で、子供時代の観察に膨大な時間を割くつもりはなかった。メインの描写である権力の階段を駆け上がる政治の天才の「奥行き」を出すために、ジョンソンの子供時代に関するインタビューをいくつかまとめれば十分と考えていた。

２０１９年にカロが記した『Working』では、人物の奥行きにつながる詳細はさっとまとめたと記しているが、後にカロは考え方を変える。生粋のニューヨーカーであり、新聞記者であるカロは、「常に生き生きとした会話」に囲まれて過ごしてきたのだが、初めてテキサスの丘陵地帯にたどり着いて驚く。

突然、私の前に何かが現れた。すぐに道路の端に車を停め、外に出て見下ろした。これまで見たこともないものだったからだ。つまりは「無」である。それも広大な「無」である。[49]

カロはその瞬間を振り返り、次のように記している。

「このヒルカントリーに初めて来て気づいたのだが、いや最初から気づいておくべきだったのかもしれないが、何の心の準備もできていないまま、まったく知らない世界に入り込もうとしていたのである[50]」

誰もがこの感覚に陥る。観察に対して、いかに自分が準備不足だったか、ひょっとしたら、そういう作業に自分が向いていないのではないかと思い知らされるのだ。

それでもカロと同様、あきらめる必要はない。観察をしようとするカロの前に立ちはだかったのは、観察対象について気づきも浮かばず理解もできないという状況だ。かといって、ニューヨークに舞い戻り、見慣れた家の窓からでは、ジョンソン大統領の世界を眺めることもできない。もちろん、田舎の人々に関する古びた理論やらイデオロギーやらに飛びつくこともなかった。調査当時、インターネットなどを利用することはできなかったが、仮にグーグルマップがあったとしても、ネットでジョンソンの故郷を眺めながら執筆しようとは思わなかっただろう。

カロが選んだ方法はこうだ。メルロ＝ポンティの言う「知覚的装置」である自分の身体を、ジョンソンやその家族と同じ経験に没入させたのである。ジョンソン大統領の母親、レベッカがヒルカントリーで一人暮らしをしていることは知っていた。父親は遠く離れたオースティンで州議会議員を務めていたからだ。

「想像を絶するような壮絶な孤独。ニューヨークシティ育ちの私には考えられない[51]」

レベッカが置かれた寂しい状況は、息子であるジョンソン大統領にとって大いに気がかりで、自宅にいても心配は募るばかりで、心の中は重苦しい気分が続いていた。

カロは、この重苦しさについてもっと詳しく知りたくなった。そのように隔絶された状況下では、身体はどう動き、何を感じ取るのか。耳に聞こえてくるのは、どのような音か。空はどんなふうに見えるのか。誰にも出会うことのない道で、何を目にするのか。

「私が、少しでもいいから味わってみようと決めたのは、この孤独である。まる一日、山中で孤独に過ごし、夜を過ごし、朝を迎え、そしてもう一日過ごす。自分以外だれもいない孤独である[52]」


寝袋だけで1泊2日をヒルカントリーの草原で孤独に過ごすのである。カロは暗闇と孤独の中、自分の周囲で発生するあらゆる音や感覚に注意を払った。そして次のように振り返る。

「こういう機会があったからこそ、ふつうなら遭遇できないものに出会うことができる。夜になると、木の枝か何かを小動物がかじる音が聞こえてきて驚く。こうした小さな出来事の一つひとつがいかに大切かを痛感する[53]」

## 個々の記憶から誘惑される気づきを得る方法

この孤独な1泊2日は、カロの人生でも初めての経験であり、自分とは別の世界、別の人生を理解するための入り口の扉を開くきっかけとなった。他者の目を通して見て、他者の身体を通して感じ、自分自身が思い浮かべるマンハッタンでの夜の音や感覚とはかけ離れた夜の経験を想像できるようになった。想像力を働かせ、ジョンソンの母親の視点を呼び出せるようになった。カロは著書『The Path to Power』（1982年）の中で、「レベッカがどちらを向いていても、光は見えない。レベッカは、優しく空想好きで読書好き。そもそも、ひとりが好きだった。暗闇も厭わない。月明かりのない夜は真っ暗闇になる。そんな夜はポーチに出て水を汲むか、家畜小屋の馬に餌をやる。木々の葉の揺れる音、時折、川の魚が跳ねる水音も聞こえる。小動物が水を飲む音も耳にする[54]」と書いている。

ジョンソンは、誰に聞いてもわかりにくい男だった。カロはヒルカントリーで寝袋を取り出し、ジョンソンが子供時代を送ったのと同じ場所で寝起きしてみた。すると、彼に対する理解が深まる気づきが得られた。カロはこうした気づきの瞬間を「啓示」と呼ぶ。「ジョンソンというわかりにくい男の性格を分析・説明しようとすると、厳しい自然に包まれ、隔絶された土地に育った環境が性格と無縁ではないことがわかる[55]」

ジョンソンの物語は、カロが描くように、権力と野心の物語である。20世紀初頭のテキサスのヒルカントリーには、電気もなく、荒涼とした大地が広がり、飢えと寂寞《せきばく》感が漂っていた。そんな世界を経験すればするほど、野心満々に登場したジョンソンの背後には何があったのかをもっと深く探りたい気持ちが高まった。ジョンソンは1931年に議会補佐官として政治の世界に足を踏み入れるのだが、当時のワシントンDCの政治の世界とはどのようなものだったのか。

時間をかけてワシントンDCを観察したことがあれば、ワシントン記念塔の飾り気のないオベリスクの細かい装飾やホワイトハウスの荘厳な正面といった細部を通じてこの世界を描けそうだ。こうした構造物に加え、政界の取引が繰り広げられたタバコの煙漂うレストランやディナーホールの騒音がジョンソンを刺激し、さまざまな意味でジョンソンという男をつくり出したのではないか。だが、カロは、ジョンソンの初期のキャリアを細かく見ても、何か重要なものが欠けているように感じていた。袖から覗かせる手首、頭からまっすぐ飛び出したような耳。このギャングのような風貌の若い男の野心を刺激したものはいったい何だったのか。そこで、ワシントンDCに来たばかりの若きジョンソンと一緒に仕事をしたことのあるほぼすべての人々へのインタビューを敢行し、膨大な生データを収集した。その一つひとつのインタビューには、ジョンソンの決意と野心に関する詳細が含まれている。だが、こうした記述が集まった全体、つまりゲシュタルトは何か。個々の記憶から醸成される気づきを得るには、どうすればいいのか。

「まだ十分に文章にできていない重要なことがあった。ジョンソンの決意の重みについて、私は、取材した人々が語っていた言葉を完全に理解できていなかった。なぜジョンソンは取り乱すほど前のめりの切迫感に駆り立てられていたのか、わからずにいた」[56]

何百回ものインタビューを重ね、オースティンにあるジョンソンの大統領ライブラリーの資料に毎日目を通した後、カロはエステール・ハービンという女性にインタビューした[57]。ジョンソンがヒルカントリーから議会補佐官としてワシントンDCに初めてやってきた当時に知り合ったという。この女性が語ったところによれば、ジョンソンは、ワシントンDCの玄関口であるユニオン駅近くの中級ホテルから議会に出勤していたという。ホテルからの道のりは、議事堂の建物沿いを歩くことになる。ジョンソンは建物まで近づくと、必ず走り出したという。

このちょっとした情報に、カロは引っかかりを覚えた。そこに文学的な香りと言えばいいのか、ある種の重みを感じたのだ。その奇妙な行動に注目せざるを得なかった。当初カロは、ジョンソンが毎回走り出したのは、あれほど寒い地域に暮らすのが初めてだったので、体を温めようとしたと推測していた。だが、ハービンの記憶によれば、彼は必ず議事堂に近づいた直後に走り出したという。

カロは、経験上、何か引っかかりを覚えても、大きな気づきになる前の段階から、過剰に反応すべきではないと心得ていた。そこで、自分で同じ道を歩いてみることにした。ジョンソンがホテルから仕事場である議会の事務所に向かうときの移動経路である。この経路を何度もたどってみたが、若きジョンソンを興奮させそうなものは特に見当たらない。彼の驚くべき野心に関して、説明がつくものは何もない。

そのとき、ある考えが浮かんだ。数えきれないほどこの道を歩いてみたが、ジョンソンと同じ時刻には歩いたことがなかった。サマータイムがあるので、夏季は朝5時30分ごろ、冬季なら6時30分ごろという早朝の時間帯だ。[58]

かつて寝袋をヒルカントリーの暗闇に持ち込んでみて、その世界への入り口の扉が開かれたように、朝のまったく同じ時刻にジョンソンの足取りをまねてみてはどうかという直観は、まさしく啓示をもたらした。

朝5時30分、太陽がちょうど水平線から東の空に顔を出す。何度も歩いてみた道だが、この光景は初めてだ。朝日が放つ水平の光線はまぶしい。その強力な光が議事堂東側の正面を照らし出す。日差しを浴びたその姿は、まるで映画のセットのようだった。[59]

その瞬間、カロは、かつてジョンソンが目にしたものに気づいた。単なる大理石の建物や英雄の彫刻ではなかったのだ。カメラだったら、こうした大理石やら彫刻やらの細部は完璧に記録できる。一方、カロの目は、ジョンソンが想像したはずのゲシュタルトを見ることができたのだ。分析的感情移入の力をフルに発揮したところ、こうした細部がジョンソンにどう見えたのか理解できたのである。まぶしいほどの朝日を浴びた壮観さ、キラキラと輝く大理石の迫力だ。大きな舞台がそこにあり、後は壮大なドラマを紡ぐ主人公の出現を待っていると言わんばかりの光景だった。ヒルカントリーの孤立感や陰鬱とした寂寞感とは、見た目も感じ方もまるで違う。この舞台を目の前にして、いつかは主役を演じようと考える機会がどれほど頻繁にあったことか。華々しい出世を披露するステージは、自分のために整えられている。ならば、夢で終わらせず、現実のものとするために挑むしかない。

「だから彼は走り出した[60]」

そう、カロはコメントする。ジョンソンの目を通して現場を見て、その理由がようやくわかったのだ。

## まずは自分の境界を破ることだ

カロの気づきが示すように、部分（細部）と全体（ゲシュタルト）との間には絶えず変化する関係がある。ジョンソンの生活の細部にカロが足を踏み込んだときに、その世界への入り口を見つけた。ジョンソンがどのように人生を歩んだのかを探るうえで不可欠な気づきだ。私たちが知覚した複数の現実の間を行ったり来たりするように、カロは、自分のニューヨークでの暮らしから、ジョンソンの世界を想像するための入り口へと行ったり来たりすることができた。テキサス中部で一人寝袋の中で目を覚ましたカロは、ジョンソンの子供時代の孤独について理解するに至った。カロにとって、ニューヨークシティでの生活ではタクシーが鳴らすクラクションの騒音やプレッツェルのにおいが現実だったわけだが、それと同様に丘陵地帯での暮らしがリアルに感じられるようになったのである。

別のリアリティや他人の世界に入り込みたいと思うのであれば、まず自分の境界線を破らなければならない。私たちが世界を見るときは、図、形状、サイズを知覚し、続いて、自分自身が持つマップに足りない視覚情報や曖昧な視覚情報を埋めていく。メルロ゠ポンティは、ここに現実が存在すると主張する。ジョンソンの現実は、子供時代の孤独な夜にあった。同様に、早朝に議事堂前で駆け出すことにも現実はあった。だが、寝袋を持ち込んで寒空の下で眠ってみるまでは、この現実は見えない。他者の世界は、こちらから鍵を見つけない限り、扉を閉ざしたままなのだ。

私は、子供のころに地元の図書館で本を探しているとき、こうした鍵の発見を初めて経験した。私は、背表紙にアリストテレスの名を冠した本を手に取った。これは誰だろう。何をする人だろうか。何も前知識なしに彼の世界をうろついてみた。座って読み始めたのは『自然学』という本だった。そこから何十年にも及ぶ謎解きに旅立つきっかけの気づきを得ることになった。物体が地面に落ちる現象について、彼の説明を読んでいて、気づきがあったのだ。アリストテレスによれば、物体は自分の家に帰る必要があるから落下するのだという。その物があるべきところに行こうとするのだと説明されていたのだ。簡潔にして的を射た彼の説明を何度も繰り返し読んだ。馬鹿げているのだが、妙な不思議さに心を奪われた。

そして、身体中がめまいでぐらつくような戸惑いを感じ始めた。アリストテレスの世界、つまり古代ギリシャは、重力の知識もなかったのだ。彼の世界では、物体が地上に落下する理由は、ホームシックだったのである。私はアリストテレスの研究者ではないが、この観察を真実であり、妥当であると受け止めた瞬間、彼の時代や場所に対して深い共感的理解に引き込まれた。私にとって、自分の日常世界とはまるで異なる世界に入り込む入り口であった。

それを機に、気づきが結集していくようなめまいに何度も遭遇するようになり、いつも同じように気づきを得るようになった。私が遭遇する考えや出来事は、どれも奇妙だったり、興味深かったり、あるいは真に受けるにはあまりに馬鹿げていたりといったものだった。だが、ちょっと考えてみると、私が観察対象としている人々にとっては、そのような奇妙なことが真実であり、完全に正常なのだ。観察に伴って、彼らは本当にそう考えていることが、徐々に明らかになっていく。しかも、この真実は、彼らの生活の随所に浸透している。自分にとって奇妙なものを観察すると、ある種の象徴的な重み、ひょっとしたら文学的な質までも得られる。そして、それがもっと大きな、もっと重要な物語にも当てはまるのではないかと感じるのだ。

重力に関するアリストテレスの考えをきっかけに、アリストテレス物理学の世界が生まれ、これがアイザック・ニュートンの出現まで西欧文化を支配することになるわけだが、これと同様に、一見小さな観察が、ある世界の内部の論理を深く理解するための鍵となることもある。

では、物体は自分の家に帰る必要があるというアリストテレスの信念は何だろうか。私が最初にこの言葉を目にして、その意味を理解しようとしたとき、「重力」から、「ホームシックに陥った物体」へとゲシュタルトの変化を経験した。カロは、「都市での結びつき」から「僻地の孤立」へと移行した。この奇妙な足跡をたどるとき、探究心や洞察力が生まれる。今まで投げかけたことのない疑問をぶつけ、想像さえしなかった方法で世界について考え始めるのだ。

## ゲシュタルト理論を語る際に錯視が多用される理由とは

興味深いことや不思議なことを追求していると、特定の文化や集団が考えている内容自体よりも、どのように考えられているのかという点に興味の中心が移る。どのような構造の中で、彼らの経験が構成され、彼らが誘導されているのか。子供のころにアリストテレスと出会った後、これと同様の観察実践によって、私の生活の中にある一見平凡な細部が、豊かで複雑な構造に転換することがわかった。コペンハーゲンの役所で文書をたらい回しにしている役人も、コペンハーゲン国立美術館に展示されている美術品並みに魅力的な研究対象となりうるのだ。実際、ハトが汚したピカデリーサーカス（ロンドン中心部にある広場）の清掃に派遣される人々は、オックスフォード大学の石畳の小道を歩く教授たちと同じくらい洗練された価値や信条を持っていた。目に見えない世界でも、注目や注意に値するとみなせば、自ずと目に見えてくる。このように、平均的なことも日常的なことも魔法のようになり、人生は意味にあふれていることを知る。

この点についてヴェルトハイマーは、ルッキングラボで、「図」（形として浮き上がって見える部分）と「地」（「図」の下地）と表現している。「図」を知覚するためには、その背後にある「地」も知覚しなければならない。だから、ゲシュタルト理論を語る際に錯視が多用されるのだ。私たちの知覚が前景と背景の文脈にどのように依存するかに注意を向けるきっかけになるからだ。完全な文脈の中で見ない限り、実際には何も見えない。意味のある観察を達成できないのである。この考え方の延長線上にあるのが、分析的感情移入である。カロは、ジョンソンの子供のころの孤立感の深さを理解して初めてジョンソンを「見る」ことができた。これも分析的感情移入によるものだ。

## 観察の失敗とはどういうことなのか

人間は他者の暮らしの全体像を見失うことなく、その細部に細心の注意を振り向ける能力を持つ。これは驚異的な人間の能力の一つとカロは言う。人間は、「地」に対する認識を失うことなく、「図」を分析できるのである。例えば、宝石店でカウンターにある指輪を眺めている間も、隣のカップル客は間近に迫った挙式に向けてその指輪を見ているといったこともわかってしまうのだ。宝石のカットやカラーなどの細部に注意を向けつつ、こうした細部があるからこそ、隣のカップルの存在や間近に控えた挙式への興奮にも共感的理解を深めるきっかけになるのだ。

観察をしようとする際、細部にスポットライトを当てようとしているのではない。全体を知覚できる注意力を養うのだ。今の例で言えば、恋愛中のカップルの全体像であり、権力欲を燃やしたジョンソンの全体像である。1つか2つの細部に注意を払うのではない。気づきの能力は、細部と、現象がある場全体の間で、巧妙に注意を変化させるときに生まれる。

カロは、細部を観察しながら、それを気づきに転換する能力をどう身につけるのかを教えてくれた。ここで、別の作家を紹介しよう。野心がとんでもなく特異で、際限なく独創性がある作家だ。彼が、観察の失敗とはどういうことなのかを教えてくれる。細部の背後にある背景（「地」）を認識することなく、細部に対して几帳面な注意力で生のデータを観察すると何が起こるだろうか。あらゆる人間の行為が詰まった喧騒全体を認識することなく、ニューヨークの13丁目のように、ファッション系の学生や学校、トラック、自動車があふれる場所を見ることにどういう意味があるのか。このような疑問だけで観察をするとどうなるのか。これほど見事に観察の失敗がどういうものかを教えてくれる作品はめったにない。

1936年生まれのジョルジュ・ペレックは、パリの労働者階級が暮らす地区で、ポーランド出身のユダヤ人家庭に生まれた。子供時代は、トラウマだらけだった。父親は若くして第2次世界大戦に出征して命を落とし、母親はナチスの強制収容所で殺害された。作家としての彼の作品には、こうした自伝的な細部にショッキングな出来事を描いたものがほとんどない。だが、芸術的な実験としては、映画や劇、エッセイ、小説などかたちはさまざまだが、凄まじい規模のアンビバレンス（愛憎相半ばした感情）を特徴とする失敗、欠乏、制約、世界秩序を模索している。初期に手がけたフィクションの一つ、1965年の『Les choses: Une histoire des années soixante』（邦訳『物の時代』）は、フランスで大きな評価を得て、ルノードー賞に輝いている。同書の主人公は若いカップルだ。どちらも市場調査員として働いている。日常生活では、仕事と一切関わりのない高級品の購入予定や購入履歴、購入希望のリストづくりに大半の時間を費やしている。最初の章は、不動産広告に対する風刺的な内容で、高級な設備が自慢のアパートの細部の描写に何ページも費やしている。この小説の冒頭では、登場人物の詳細はわからない[61]。ただ、物欲あふれる「目」が物を手に入れる機会をうかがっているだけだ。「その目は、天井が高く、狭く長い廊下のグレーのカーペットを滑るように動いていく」。

## 最もふつうのものを表現したかったジョルジュ・ペレック

この小説が出版されると、フランスの社会規範を嫌う若者文化にまたたくまに受け入れられた。アルジェリア戦争やフランスによる植民地いじめに憤った若者たちは、マルクス主義的批判の社会風刺の刀を振り回す政治的アーティストの役割をジョルジュ・ペレックに期待したのである。彼なら、若者たちのシンボルになれたのかもしれない。世代を代表する作家として、資本主義熱に浮かされていたフランス文化を批判する役割を担うこともできたはずだ。

だが、ペレックはその役割を拒んだ。政治的批判や社会学的批判に終始するのでなく、はるかに特異な方向へ進み出したのである。野心的な観察者と同様に、イデオロギーや思考の閉鎖的システムなしに、世界を観察する方法を探していた。ちなみに、彼は閉鎖的なシステムを「テロリストシステム」と呼ぶ。1973年に出版した記事で、ペレックは世界を見る新しい方法を模索している。ニュースもルポルタージュもジャーナリズムも十把一絡げで、もううんざりだと言い、こうした現実を表現する手段は、風変わりなものや異様なものを観察することにばかり関心を向けていると批判する。ジョルジュ・ペレックは、奇妙なものを表現するのではなく、最もふつうのものを表現したかったのだ。

それ以外の部分はどこにあるのか。人生のその他の部分はどこにあるのか。実際に起こっていることの残りはどこにあるのか。私たちは、毎日起こっていること、日々続いていることをどう説明すればいいのだろうか。生活の中に背景としてあるありふれたこと、日常的なこと、明白なこと、よくあること、平凡なこと、並み以下のこと、習慣的なことをどう説明するのか。そこにどうアプローチして、どう表現できるのか。[62]

ペレックの宣言は、バフィン島で初めて人々の移動パターンの研究に打ち込んだ際にボアズが取り組んだ作業と大きく変わらない。ボアズは、自分の文化から飛び出し、孤独に陥りながら、イヌイットの人々の背景となる慣習の中に、ふつうのもの、日常的なものを見出した。この視点は、19世紀に子供時代を送り、教育を受けたドイツ人物理学者として、自分自身の文化の慣習を見る新たな目も育むことになった。

## 見ている自分を見るという試み

もっとも、ペレックがめざしたのは、ボアズら人類学者チームよりもはるかに革新的なものだった。自分自身の文化とはまるで違う他文化の研究に取り組むべきでないと読者に釘をさし、ふつうの生活にある「目に見えぬもの」だけに焦点を定めよと説いた。これはまったく新しい観察の実践を求めるものだった。その新たな観察についてペレックは「長らく、他者から盗んでは取り込んできたものを引っ張り出す行為である。外に目を向けるのではなく、内に目を向けるのだ」と言う。

例えば、レンガ、コンクリート、ガラス、テーブルマナー、家庭用品、道具、時刻表、生活のリズム。一見ごく当たり前のものばかりだが、だからこそ、そこにあえて疑問を呈するのだ。私たちは生きている。呼吸をする。確かなことだ。歩き、ドアを開け、階段を降りる。テーブルで食事をする。ベッドに横になる。どのように？　どこで？　いつ？　なぜか？

自分が住んでいる街を記述し、別の街を記述し、両者を比較するのだ。[63]

自らの呼びかけに応えるかのように、ペレック自身そのとおりに疑いをぶつけた。1974年10月、ノートとペンを手に、パリのサン＝シュルピス教会の前に3日間座り続け、いつも目にしているものを簡潔な文章にまとめながら観察を開始した。

「地区評議会ビル。金融機関ビル。警察署。3つのカフェ、そのうち1店はタバコと切手も販売。映画館。ル・ヴォー、ギタール、オッペノール、セルバンドーニ、シャルグランらが建築に関わった教会。この教会は、624～644年にブールジュの司教でクロタール2世のチャプレン（聖職者）に捧げられたもので、現代では1月17日が記念日とされている」[64]といった具合だ。

これは、その教会の前で、いつでも見かけるもののリストである。だが、こうした細部以外の残りはどうなのか。視野の外に置かれたものを観察するときは何が起こるのか。ごく当たり前に日常的に見えるからこそ、意識に何ら印象も残さないものを見るのはどういう感じなのか。

ここから先の私の狙いは、それ以外の部分を説明することだった。一般に気づかれないもの、注目されないもの、重要でないものである。天気、人、車、雲以外で、特に何も起こっていないときに見られることである。[65]

ペレック自身は「外にあるもの」に対して「内なるもの」という言葉で表現しているが、そのような観察のポイントは、他の達人観察者のゴールと相通じるものがある。ペレックは、言わずもがな、かなり革新的なことを狙っていた。それは、一切の先入観を持たずに見ることだった。見ている自分を見るためだ。そして彼の「試み」が始まる。

確かに厳密に目に見えるものの一覧を挙げる。

アルファベットや言葉：「ＫＬＭ」（通りがかりの人の胸ポケット）、駐車場を意味する大文字の「P」、「ホテルレカミエ」、「サンラファエル」、「駆け込み貯金」、「タクシー乗り場」、「ビュー・コロンビエ通り」、「ブラッスリーバーラ・フォンテーヌ・サン＝シュルピス」、「PELF」、「サン＝シュルピス公園」[66]。

## ジョルジュ・ペレックの作品はアートではなく試みである

ペレックは、あまりに当たり前すぎて見えていなかったありきたりのものを通じてサン＝シュルピスを表現しようとした。だが、足りないものがある。「試み」にとどまり、「達成」までたどり着けずにいる原因は、「全体」の欠如だ。前出のカロが記述したリンドン・ジョンソンの朝の駆け足と異なり、ここには部分だけがあって、ゲシュタルトがない。だから私たちがこれを読んでも、ペレックが教会の前に現れた1974年10月のとある日のパリの一角にワープする入り口が見えてこないのだ。

63番のバスはポルテデラムエルテ行き。
86番のバスはサンジェルマンデプレ地区行き。
掃除は行き届いていて、散らかさないほうがいい。

バスはドイツ製のほうがいい。
ブリンクスの現金輸送車。
87番のバスはシャン・ド・マルス行き。
84番のバスは、ポルト・ドゥ・シャンペレ行き。[67]

ペレックは「ブルーのバッグ、グリーンの靴、グリーンのレインコート、ブルーのタクシー、ブルーのシトロエン2CV[68]」というふうに色も挙げている。だが、それは何を意味するのか。ある人が今日はこのブルーのバッグを使おうと思い、また、別の人はグリーンの靴を履こうと考えることにどのような意味があるのか。どのような靴をどのような場で履くのか。きつくて履きにくいのか、それとも歩きやすくゆったりとした靴か。このサン＝シュルピスに暮らし、働く人々にとって、それがどのように見えるのか。最も重要な点は、これがペレックにとって何を意味するのかということだ。観察意欲を刺激する「嫁の来手がない連中」のような謎もないし、私たちが知りたいと思うような大統領への野望もない。

ペレックは、今挙げたような疑問について理解を深めるための入り口をあえて見つけないようにしているからこそ、彼の作品はアートではなく、「試み」なのである。実際、英語版では、翻訳家のマーク・ローエンタールが「パリのある場所を語り尽くす試み」と記している。そしてペレックはその試みに失敗する。むろん、それは最初から狙ってのことなのだが、このあまりに当たり前すぎて目に見えなかったものの羅列が文脈の中で何を意味するのかを明かそうとしないからだ。例えば、「パイプをくわえ、黒のかばんを持った男」を詳しく記述する。だが、この詳細だけでは、サン＝シュルピスの世界について私たちは何もわからない。パイプと黒のかばんは、１９７０年代のビジネスマンの通勤風景、街をぶらつく年金生活者、アクセサリーを楽しむファッション好きなど、多くの世界に通じていて絞り込めない。パイプやかばんは私たちに何らかの「意味」を提示する。その「意味」とは、パイプとかばんを見たときに最初に目に入ってくるものである。

## 細部をつなぎ合わせてゲシュタルトにたどり着くには

おそらくは、ペレックもメルロ＝ポンティを読んだのだろう。架空の芸術的課題を設定し、自らの哲学を掲げて取り組んでみせたということではないか。「パイプ」と「かばん」を詳しく記述する際、意味のあるゲシュタルト、つまり整理された全体像はどこまで保持できるのか。誰がどのような目的でこういう道具を使うのか。パイプやかばんを持つ行動が生まれる背後には、どのような背景的な慣行があるか。その理由とは何か。ペレックは、この試みで、ゲシュタルトを一切明らかにすることなく、街の詳細を提示し続けた。この世界とは、いったい何なのか。

もちろん、ペレックは、その限界を承知していたし、この「試み」が終わるまで、独自性のある観察になるような細部を探し続ける。1974年10月19日には、誰の目にも当たり前でありきたりなものを詳述することの退屈さが見え始める。

昨日とは何が変わったのか。一見すると、何も変わっていない。雲は増えたのだろうか。例えば、人が少ないとか車が少ないというのは、ごく主観的なものだろう。鳥の姿も見当たらない。広場にイヌがいる。ホテルレカミエの向こう（はるか後方だろうか）で、クレーンが空に伸びている（昨日はそこにあったが、メモを取った覚えがない）。目の前にいる人々が、昨日見た人々と同じかどうか、あるいは今日見ている車が昨日見た車と同じかどうかはわからない。一方、鳥（ハト）が来たら（そもそも来ないわけがない）、昨日と同じ鳥だと思うだろう。[69]

彼の試みで、私たちはあの日のサン＝シュルピスという場にワープできるだろうか。そんなわけがない。ペレックは、当初の宣言を書いたときに、具体的な課題を盛り込んでいた。

誰も気に留めない場での生活を詳述することである。

> 自分のポケットやハンドバッグの中身を詳述してみるといい。目についたものすべての起源、用途、未来を問う。
>
> ティースプーンを取り調べる。
>
> 壁紙の下には何があるのか。
>
> 電話をかけるためにどれくらいのアクションが必要か。なぜか。
>
> 薬局でたばこが買えないのはなぜか。なぜだめなのか。
>
> こうした疑問は断片的で、方法もほとんど示されない。だから、せいぜいプロジェクトへの指針になるくらいだが、そのこと自体は私には大した問題ではない。こうした疑問は些細なことであり、何の役にも立たないと思えることが非常に重要なのだ。そのことこそ、こうした疑問が少なくとも必要不可欠なものである理由だ。それ以外の疑問もたくさんあるが、そういう疑問を追いかけても、真理を理解できずに無駄な努力を重ねるだけで終わってしまう。[70]

ペレックの宣言のような知的勇気を発揮しつつも、ロバート・カロのような実行力にきめ細かく配慮してスキルを磨いていけば、細部をつなぎ合わせているうちに全体、つまりはゲシュタルトにたどり着ける。詳細をどう観察し、どう記述するのかを学ぶ際、背景と関連づけて前景を見られるように訓練を重ねることになる。このハイパーリフレクションというスキルを磨くのである。異なる世界がどのように意味を持つのか。これを見るために、じっと待ち続けるのだ。

埃っぽい広大なテキサスのヒルカントリーで一夜を明かす能力も意志もなければ、観察は説得力を持たない。だからこそ、トレーニングが必要になる。実践に打ち込むことが大切だ。「自分」が直接に登場しない観察は、単なるリストづくりの作業である。異常なまでのこだわりと意図を持ってデータを追うのだ。おもしろいこと、不思議なこと、奇妙なことに注意を払う。自分の快適さを犠牲にしてでも、外に飛び出し、見回してみよう。

# 現在に未来を見るということ　私のルッキングラボ物語

## 人間の行動や困惑の原因となる社会的世界を理解する

ドナルド・ジャッド、ジェームズ・タレル、セス・キャメロンにとっては、身体を光、色、空間に置くことだった。エルネスト・ラクラウやシャンタル・ムフにとっては、社会的変容だった。ロバート・カロにとっては、リンドン・ジョンソンの権力と野望だった。メルロ＝ポンティにとっては、知覚の現象学だった。

そして私にとっては、「リモコン」だった。

そもそも、２０００年初頭という時代に、誰がリモコンを使ってテレビのスイッチを入れ、番組表の順に押し付けられている番組にお金を払うというのか。ひどいデザインの長方形の箱の前にじっと座り、他人が勝手に決めたスケジュールに合わせて物語やら意見やらに身を任せなければならないのはなぜか。何百ものチャンネルを次々に切り替え、一周すると、再び最初からチャンネルを切り替えていく行為は、私からすると、奇妙でしかない。リモコンと、ケーブルテレビの月額利用料100ドルという異様さは、私がメディアの未来を見る入り口となった（訳注：米国では、全国ネットの地上波番組も含めて、アンテナを立てて受信する世帯は少数派で、昔からほとんどの世帯がケーブルテレビ経由で視聴している）。「なぜ人はそんなことをやっているのか」という疑問を解きたいという強い欲望に駆られたのだ。

私と同じく「人間の観察力」講座の講師で、友人でもあるサイモン・クリッチリーによれば、あらゆる哲学は世界に対する深い失望感から生まれている。メルロ＝ポンティは、デカルトを源流とする何百年もの伝統的な哲学で、知覚の経験をどういうふうに記述しているのかを知って失望感を覚えた。だから、もっと的確なもの、もっと正確なものを編み出さねばならないという思いに駆り立てられたのである。選択肢ではなく、そうせざるを得なかったのだ。失望があったから、人間の経験を新たな手法でもっと的確に記述しようと、哲学が発展したのである。

私に言わせれば、あらゆるクリエイティブな取り組みを後押しするのも、同じ失望感の力である。ソーシャルメディアは人々の分断を広げ、テクノロジーはまともに機能せず、医療は人を病気に追いやる。そんなふうに、日常生活の一部となっている状況に私たちが失望する。すると、独創性のある思想家は、自らの失望感を足がかりに、もっと良い気づきを得て、最終的にもっと良い解決策にたどり着く。

この失望感こそ、私がテレビのリモコンにこだわる理由でもある。小さく取るに足らないことに見えるが、リモコンに象徴されるテレビの限界は、至るところに見られるのだ。誰に聞いても、ケーブルテレビ契約に関する苦情を耳にする。仕事から帰ってきてスイッチをつけても、まともな番組がないと口々に不満を言う。世界各地を訪れ、宿泊先のホテルの部屋でリモコンを手に取る。そのたびに「なぜこんなに満足感が得られないのか。実に馬鹿げている」という失望感が膨らむ。もちろん他の強迫観念も同時に襲いかかる。私にとって何ら意味を持たない人間行動の集まり。精神性の世界から離れ、スポーツの世界に移行したヨガ。人間の知覚を誤解している無人運転車のテクノロジー。世界中のコミュニティで、懸け橋どころか隔たりを多く生むつながり。暮らしを充実させ、寿命を延ばす可能性のある医薬品の服用を拒絶する人々。こうした疑問が常に私の頭の片隅にあり、その答えを見つけようと、私は直接観察を続けている。

ある現象を追うために、強い好奇心以上の理由はいらない。あなたの取り組みで世界をより良い場にする必要はないし、産業をまるごと刷新する必要もない。何らかの発見について学術論文をまとめる必要もない。むしろ、こうしたゴールを掲げて調査に取りかかると、大した成果を生み出せない可能性が高い。開始すべきは、人間の行動や、困惑の原因となる社会的世界（共通の視点をもつ人々の集まり）を理解することだ。なぜ人々はそんなことをするのか。

## 極めてスキルの高い観察者を集める

20代前半のころ、学術界は、自分が追いかけたい現象を追うことができる場だと思っていた。要するに、自由と知的インスピレーションの理想郷として学生に売り込んでいるのが学術界だ。私が目にした現実は、まったく違っていた。私が過ごした学術界は、あまり楽しそうではなかった。ごく一部はそうだったが、それが標準ではなかった。さらに重苦しいことに、彼らの「楽しみ」はどこか胡散《う さん》臭いのである。大学で働く教授は、途方もなく限られた財源の取り合いにほとんどの時間を費やし、大学の上層部は肥大化するばかりだった。私には合わない場だった。

その後、ジャーナリズムのほうが自由に動き回れると考えた。デンマークとロンドンの両方で独立系の小さな新聞社に勤め、その生活を堪能していた。だが、メディアの世界にも何か問題があると感じ始めた。2000年代初め、広告量が減少し、リアルタイムのオンラインニュースが印刷媒体のメディアを圧倒し始めた。同僚は、生活や仕事を蝕むこの変化を嫌っていた。編集会議を開くたびに、この業界が直面する20世紀の断末魔の始まりを感じた。編集部の雰囲気は活気がなく、まるでこれから何十年にもわたって、半年ごとに解雇が増えていくような悲惨な状況になると感じた。私がジャーナリズムの世界を去るころには、調査報道の予算は大部分が枯渇していた。潮時だったのだ。だが、飛び出してどこに行くのか。

自分が抱えていた疑問は、好奇心に押されるように大きくなるばかり。私が探し求めていた気づきは、特定地域に根ざしたものではなく、グローバルなものとわかっていた。例えば、料理の未来、マネーと金融の関係性、人工知能の光と影、自動運転車の知覚の役割など、疑問への答えを本当に求めているのであれば、それなりのスケールで動かねばならない。私が描いていたプロジェクトは、データを集め、処理するうえで、極めてスキルの高い観察者仲間が欠かせない。その顔ぶれも私とは違うタイプである必要がある。出身地も文化的背景も違う人がいい。私自身の思い込みや知的怠慢をチェックしてもらうためだ。同僚が自分と同じように見て考えるタイプばかりなら、何かが間違っている。

気づきにたどり着くまで、調査活動を維持できるだけの膨大なリソースも必要になる。つまり、観察者を世界中に派遣してデータを収集する膨大な調査予算と、深く掘り下げた観察作業を維持できるだけの十分な時間だ。この点を踏まえると、専門家として前進する方法は一つしかなかった。自分自身の〝ルッキングラボ〟、見るための拠点を起業するほかなかったのである。

それでも、自力で会社を起こすことは容易ではない。少なくとも、私はその気が起こらなかった。その期間、私は幸運にも、尊敬すべき同僚や友人とさまざまなこだわりを分かち合うことができた。フィリップ・ラウは、私の実家から180メートルほどの近所に住んでいて、高校に一緒に通った仲だ。大学に進学してそれぞれ社会学、哲学を専攻後、好奇心のあるテーマについてよく意見交換をしたものだ。それぞれの社会学と哲学の研究領域の手法や観察結果を持ち寄り、大きな世界を見ることに意気投合した。そのころに知り合ったのが、デンマーク政府で公務員として働いていたミッケル・B・ラスムッセンである。私たちは、それぞれの縦割りの官僚制度に失望感を抱いていたことや、将来の目標に関してすぐに意気投合した。彼以上にインスピレーションを与えてくれる独創的な人に出会ったことがない。そこで、フィリップ、ミッケルとともに、会社を立ち上げ、自分たちの共通の関心を追い求めることになった。その後、シャーロット・バンスガードとジュン・リーとも知り合いになった。創業時にはいなかった2人だが、創業メンバーに近い人だ。

## なぜ「ReDアソシエーツ」を創業したのか

もし私たち全員がフランス人で20世紀半ばに生きていたら、学術界のための交流の場を作っていたはずだ。1970年代に出会っていたら、雑誌かバンドかレコードレーベルを立ち上げていただろう。私たちが実際に出会ったのは2000年代初頭であり、その時代に合わせ、最もエキサイティングと思われる組織を作った。規則に縛られることなく知的関心を追求できる最大限の予算を組み、最大の自由を持った組織としてのコンサルティング会社である。もっとも、コンサルティング会社と呼ぶのは、誤解を招くかもしれない。ほとんどのコンサルティング会社は、クライアントのニーズに合わせて構築されている。一方、私たちのゴールは、自らの好奇心を満足させることを掲げているからだ。クライアントからは特定の問題が持ち込まれるわけだが、私たちは、探究することに心から関心が持てる現象へと問題を転換できないかと考える。その結果、私たちの深い知的こだわりに応えられそうにない案件は拒否できるという、特異な存在になった。私たちの仕事をうまく実行するのに必要なリソースを踏まえると、小さすぎる企業や、経営陣から遠く離れた末端に近い部門も対象外になる。極めて大きな規模の問題について調査したい場合、クライアントの組織内で、その調査結果を活用する立場にある人しか担当者になれない。この体制は私たちにぴったりだった。少なくとも大規模調査を首尾一貫して厳格に遂行するためのリソースが確保できる限り、調査結果やアイデアを経営陣に喜んで提供する。

## 気づきにつながる特質を市場に提供する

思いつきだが、最終的に社名は「ＲｅＤアソシエーツ」と決めた。社名に大きな意味はないが、そういう軽さも重要なのだ。このグループがイデオロギーや絶対成功の秘訣のシンボルのようになってほしくなかったからだ。最悪なのは、当社の手法を売り込むようなパワーポイントを作ることだ。いかなる独断的主張やイデオロギーの枠組みも、クリーンな直接的観察の力を覆い隠してしまう。だから私たちは、そういう主張やイデオロギーを深く疑っている。私たちが市場に提供できるものは、気づきにつながる特質である。現象を追いかけ、そこから得られるものを見ることなのだ。

その結果、圧倒的な特異性があり、さまざまな面で完全にやりたいようにやる企業を立ち上げたのだ。私たちの活動がクライアントである企業や機関の助けになるのかどうかは気にしなかった。何よりも自分たちのためにやっているからだ。私たちが見出した気づきやアイデアは、究極の報酬なのである。都合のいいことに、クライアントにとっても戦略や製品開発、イノベーションの面で独創的な機会や解決策への扉をこじ開け、クライアントの収益に貢献することになった。

長年の間にＲｅＤが採用した人材は１０００人以上に及ぶ。業務を遂行するために何億ドルという資金を調査に投じてきた。トップクラスの知性と多様性とスキルを備えた観察者を世界中から集めた。スケール、自由度、楽しさを約束して学術界からも多くの人材を招いた。

こうした人材を世界中に派遣し、私たちを戸惑わせる文化や行動に関わる無数の疑問を研究した。新しいパートナーや、組織に参加してくれた何百人もの仲間とともに、コペンハーゲン、ニューヨークシティ、ロンドン、パリ、ハンブルク、上海にオフィスを開設した。私たちは、いかなることでも気まぐれな興味であっても、そこに莫大なリソースを投入できる体制を構築した。こうした体制であれば、企業をはじめ、政府や国際ＮＧＯなど各種機関の一助になれると確信していた。

## フォード、シャネル、レゴ、アディダスといった世界最大級の企業と協力する

サムスンとは、スマートフォンの出現やその社会へのインパクトを探るため、過去10年間に30件以上の調査に共同で取り組んできた。インテルとは10年間パートナーとして、「コンピュータ」（ＰＣ）が「コンピューティング」（クラウド）に移行し、大手チップメーカーの向かう道筋が作り出されていく様子を観察した。地域に根ざした食や味の特性がグローバルに広がる中で、私たちはその仕組みや全体的な意味を調査した。医薬品メーカーとは、なぜ人は薬を服用しないのか、なぜ多くのコミュニティがワクチン接種に二の足を踏むのかを世界各地で調査した。中東に調査員を派遣し、ムスリム同胞団のイスラム急進派について理解

を深め、グリーンランドやデンマークの観光局のブランドづくりに取り組んだ。クレジットカード詐欺を大規模に繰り返している組織に深く切り込み、陰謀論信奉者集団「Qアノン」と生活をともにしながら地球平面説やホロコースト否認論といった信念の理解に努めた。現在、フォードやシャネル、レゴ、アディダスといった世界最大級の企業と協力し、ファッションの世界がひっくり返り、車は電気化し、玩具はデジタル化し、スポーツは劇的に変容している様子を観察した。

こうした探究活動では、私たちはあまのじゃく的な役割を担うことが多い。長年の間に、創造性やイノベーションを取り巻くさまざまなトレンドが生まれては消えていった。誰もが議論に加わることができるブレーンストーミングやワークショップ、既成概念にとらわれない非現実的思考がもてはやされたこともある。あるいは、クリエイティブなトレンドを天から見通すなどと称して、占い道具を駆使するような創造性トレーニングの専門家とか、トレンド発信者、その他の司祭が関わるトレンドもあった。ＲｅＤの仕事は、こうした物事をすべてカットしたうえで、独創性ばかりを重視する最近の流行りに乗っかってしまったら注意を逸らされると、クライアントに説くことにある。ある現象について意味のある気づきにたどり着けば、人々に受け入れられる製品やサービスも考えやすくなる。革新をもたらすのは、創造性ではなく、気づきなのだ。

ＲｅＤアソシエーツでは、何ら新しい方法論を生み出していない。本書で挙げている観察を行うだけである。当社のどのパートナーも、こうした観察の実践により、当社のプラットフォームを利用して必要な仕事をこなし、夜も眠れないほどの疑問を問いかけ、自分自身のこだわりを追い続ける。そういう自由は、当社を立ち上げたそもそもの目的である。

あなたも外に飛び出し、自分を触発してくれるルッキングラボを見つけるか、自分で作り上げてみよう。自分に投資してくれる人々には、大きなリターンがあることを保証しよう。常に観察から始める。頭で考えるのではなく、その目で見るのだ。

## 正常で微妙な慣行を観察する

### 番組表に沿って放送するテレビに未来はあるのか

私たちは、この現象をひもとく一連のプロジェクトを実施するため、欧米の通信会社やシリコンバレーで誕生した新興テクノロジー企業、テレビの大手メーカーに出資を働きかけたことがある。人間の慣行に関わるテクノロジーの未来を調査するためには、指針となる手法や視点がなければ迷子になってしまう。あまりにいろいろなことがありすぎ、常に多くのことが発生しているため、何が重要で何が雑音なのかわかりにくいのだ。メディアやメディア利用の新たな世界を見極めるため、私たちは「通常慣行・非主流慣行」と呼ばれる手法を利用した。

このようにして、私自身は、沖縄の「非主流慣行」が見られるサブカルチャーで観察されるデータに没入したのである。非主流慣行とは、ある現象について、社会的慣行の規範から外れた行動を指す。2004年時点では、ケーブルテレビ契約だろうが、全国ネットで放映される番組だろうが、テレビ番組を見る際にリモコンを使うのはふつうのことだった。ところが通常ではない、明らかに非主流の行為が、日本のある都市の小さな集団内で共通の社会的慣行になっていた。この集団とは、アリゾナ州北東部のモニュメントバレーをロケ地に撮影された映画やテレビ番組に興味のある人々の集まりだ。ジョン・フォード監督の西部劇映画『駅馬車』、スタンリー・キューブリック監督の『2001年宇宙の旅』といった映画は、この月面を思わせる広大な荒野でロケが行われている。沖縄の集団のメンバーは、ほかにこれといった共通点はない。高齢者も若者もいるし、スーツ姿のサラリーマンもいれば、引きこもりの若者もいる。そんな一見バラバラのメンバーを結びつけているのは、このモニュメントバレーというロケ地で撮影された作品に対する興味である。それは、極めて独特な細かいこだわりに思えた。インターネットが利用できるようになってまもないころで、ソーシャルメディアもあまりなかった時代、こうした人々はあらゆる手を尽くして映像を集めていた。モニュメントバレーに関する記事やドキュメンタリー、映画をどこで手に入れられるか、何年にもわたって似たようなグループ同士で情報交換を続けていた。古いVHSテープからデジタル化した映像はひどい音声だがメンバー同士で共有し、Friendsterといった初期のソーシャルメディアを通じ、あらゆる方法で世界中の他のモニュメントバレーファンとつながり合っていた。モニュメントバレー愛好家の仲間は、チャットルームや、Reddit、Wellといったプラットフォームで交流し、直接顔を合わせることなく、互いの生活をフォローし合っていた。

沖縄のサブカルチャーは、映画を何時間も鑑賞しながら、オンラインで情報交換をしていた。2つのPCの画面を駆使する強者も少なくない。一つのPCの画面では映画が再生され、もう一つの画面では一緒に作品を鑑賞する仲間とのディスカッションが続く。外部の人間には解読できないような極めてマニアックな言葉が交わされていた。

## 「コンテンツ」が大きなストーリーへの重要な入り口になる

私たちは、沖縄のグループの案内で、この非主流慣行を楽しむ他の何百とある世界中のコミュニティを紹介してもらった。モンタナ州郊外の地下室から、韓国、ナイジェリアのラゴス、オースティンの学生寮の一室、果ては、世界的な大都市で弁護士や会社経営者らが開催する上映会に至るまで、さまざまだ。どのグループもそれぞれに追い求めている映像は違うが、行動パターンは同じだった。いずれも、極めてニッチな興味を軸に組織されたグループで、特殊な興味を追求して世界中で映像を探し回っている。その映像はファイルでも番組でもなく、「コンテンツ」と呼ばれ、映画、記事、動画が収められている。この「コンテンツ」という言葉は、若干奇妙に聞こえるが重要であることは間違いない。私たちは、この「コンテンツ」が大きなストーリーへの重要な入り口になると直感した。あらゆる形態の視聴がたった一つの言葉に集約されていて、ゲシュタルトの変化が起こりそうだった。

ケーブルテレビや、もっと昔ながらの地上波のテレビ視聴形態がこうしたコミュニティを生み出せていないことは明らかだった。彼らの多くは、違法ダウンロードという非主流慣行に頼っていたからだ。Napster（ネットを介したファイル共有システム）は、著作権保護をされたメディアを自由にやりとりできる場として、すでに音楽業界に大混乱をもたらしていたし、BitTorrent系のサイトでは、ユーザーがファイルのダウンロードやアップロードを自由にできていたから、もはやイノベーションとは言えなかった。Torrentは、こうしたサブカルチャーにとって本当に欲しいコンテンツを利用できる唯一のプラットフォームだったのだ。こうした人々は、従来のメディアに対しても喜んで利用料を払う意思があっただろうが、そのようなことは起こらなかった。ケーブルテレビに加入しても、何も得られなかった経験があるからだ。だから違法で入手せざるを得なかったのである。私たちの調査の回答者が新たに違法ダウンロードを実行するのを観察していると、ある非主流慣行が目に留まった。それは、ドラマなどの全編を一気に通しで見る「一気見」と言われる行為だ。お気に入り番組があると、週に1度、最新の回を見るのではなく、初回から最終回までを何時間もかけて連続で一気に視聴してしまう行為である。それから何年も経って、Netflixは、番組の全編を一度に公開することで、まさにこの行動を普及させることになった。

## マイクロセレブの動向をウォッチする

私たちは、4大陸で何カ月もかけてこの一気見というメディア利用のあり方を観察した。何万人もの視聴者が、何千ものホストサーバーにある膨大な量のメディアファイルをうまく見つけ出し、見たいように見る方法をどのように身につけたのだろうか。やがて、ごく限られた範囲だけで活動する有名人「マイクロセレブリティ」がそれぞれの国のごく一握りの人々をターゲットに活躍していることに気づいた。非常に地域限定的なコミュニティがインターネット上に発生していたのである。こうした非主流慣行の中で、マイクロセレブの一部がブログを始めたり、動画シリーズを制作したりした。今日では、こうした人々はオンラインインフルエンサー、ユーチューバー、コンテンツクリエイターなどと呼ばれておなじみの存在になったが、当時としては非常に新しい現象だった。一人ひとりの有名人が持つ視聴者は少数だとしても、世界全体で積み上げれば、メディアの大きな新ビジネスモデルが可能になる。

こうしたグローバルに発生した小さなコミュニティの痕跡を丹念に追っていくと、新たな行動らしき別の証拠も見えてくる。それまでにない形態のメディア利用を考案し、受け入れた人々は、テレビをめったに使わない。その多くは大型テレビを所有しているのだが、メディアを利用するときには往々にして小さなノートPCの画面を使っているのだ。隣の部屋にある大型テレビに比べれば、デスクの上のPCは、画質も音質もはるかに劣っているにもかかわらずだ。だが、彼らが参加するメディアコミュニティには、大きな画面ではアクセスできない。それに彼ら自身、そんなことは気にするふうもない。こうした行動が主流になれば、テレビメーカーやケーブルテレビ会社に誰かが進言しなければならない。

私たちが見たものは、後に「ソーシャルTV」と呼ばれるようになった。地理的な帰属性も視聴の同時性も持たない新たなテレビであるが、基本的にソーシャルな側面が大きいからだ。

## 非同質性のメディア利用という現象への考察

非主流のものや実験的なものを調査しようとする際に、重要な心得がある。現象（今回の場合はリモコン）から注意を逸らすことなく、観察しているものに振り回されないことだ。わくわくするような新しい実験的慣行が、必ずしも変化や未来への鍵になるとは限らない。非主流のものを観察・理解する場合には、一般的には、日常生活で典型的なものや平均的なものに対する認識を組み合わせることが大切だ。通常のものは、新しいものと同じように重要である。不思議なことや奇妙なことだけを追いかけていると、何が起こるのかわからなくなる。だが、新しいものに通常のものを組み合わせれば、将来の標準になりそうなものを見極められる。

最も重要な非主流慣行は、非同時性のメディア利用という現象だった。つまり、ケーブルテレビや地上波テレビの番組表に沿って放送されるのではなく、個々の視聴者が自分の都合に合わせて見るストリーミング配信コンテンツである。２００４年当時、こうした行動が世界の大手メディア企業の経営陣のアンテナに引っかかることはなかった。ケーブルテレビや衛星放送の料金体系は、まだ事業者側に十分にうまみがあり、テレビメーカーもこうした契約に合わせた製品づくりを続けていたからだ。私たちの観察から、20年もすればストリーミング配信によってメディアの世界がひっくり返されることがわかった。そこでクライアントには、新しいメディア利用パターンによって報道やスポーツ、全国規模のメディアの世界がらりと変わるため、それに対する備えを助言した。私たちは、大衆向けテレビに新たなサービスを投入し、莫大な予算をストリーミング配信や高度に専門的なマイクロメディアの新製品開発に振り向けた。

今や、マイク2本とノートPCだけで制作するポッドキャスト1回分のほうが、CNNが1週間に制作したコンテンツ全体よりも多くの聴取者・視聴者を集めることもある。21世紀のメディア企業は、YouTubeやTwitchなど各種オンラインプラットフォームで高度に専門的なメディアをそろえている。こうした企業が、すでに20世紀のメディア企業に置き換わり始めている。

メディア利用を巡り、将来の慣行のあり方を予感させる特殊な集団を調査することにより、現時点ですでに垣間見える将来像の予測に役立てることができるのだ。

## 今、未来を見るために何をすべきか

「未来はすでにここにある。均等に分布していないが」という言葉で知られるのが、作家のウィリアム・ギブスンだ。未来は、世界中のこうした局所的集団で見つかる。そのような集団に見られる非主流慣行は、5~10年先には当たり前になっているはずの行動を垣間見せているのだ。ある産業や、人間の世界の一部に起こりそうなことを見極めるには、こうした非主流慣行をつぶさに観察し、場合によってはそこに参加してみることが、次に来るものを理解する入り口になる。

ギブスンなどSF作家は、すでにこの術を身につけている。未来に思いを巡らせているうちに作品の着想を得ることはめったになく、むしろ、すでに現実に起こっていて、しかも現実と競合するような未来を観察することが発想のきっかけになるのだ。この視線や視点は明快である。こうした未来を観察するには、今見えていることについて、10年後に人々は何と言うのかを想像してみるといい。

世界中の多くの人々を対象に経験的な観察を行った際、結果を整理するときにこのSFあるいは時間旅行的な推測テクニックが役に立つ。非主流慣行のレンズを2つ組み合わせ、未来から見てどの慣行がふつうで日常的なのか想像すると、未来が明らかになることも多い。ただし、このような推測は、必ず経験的観察と証拠集めに基づく必要がある。そうでなければ、「ソートリーダーシップ」や「未来の展望」、「シナリオづくり」といった流行りだけの無意味な世界に逸れていってしまう。直接観察の過程がなければ、こうした慣行はすべて単なる誇張された表現に過ぎない。

地理的に限られた場所で見られる現象について、慣行や関係性を調査する場合、普遍的な行動と、観察対象の現場や集団に特有の行動とを分離する必要がある。私たちのようにグローバルな規模で仕事をしていると、一般化の作業が必要になる。かつてはテレビや自動車、オンラインサービスなどは、世界市場向けに設計されていて、文化ごとか国ごとに個別化されることはなかった。だが、テレビ視聴のあり方は、それぞれの文化によって異なる。「特殊性」があるのだ。だが、メディアコンテンツの利用や制作について、あらゆる文化に共通する理由をあぶり出す必要もあり、実際にそれは不可能ではない。それが「普遍性」である。人はそれぞれ違い、それは生活や仕事の場の明らかな違いに起因している。だが、誰もが共通して持つ普遍的慣行も驚くほど多い。普遍性と特殊性を区別せずに、世界市場向けに何かを作り出すことは不可能である。当社のクライアントは、ほとんどが世界的な大企業であるため、地域文化に合わせてどのように独自色を出していくかも大事だが、その一方で、共通の人間性や社会学的特性に依存すべきケースもあり、そのバランスが難しい。

## 本当にあるものを見ることは一番難しい

驚いたことに、長年私たちが担当していたクライアントが告白していたのだが、意味のある変化とはどういうものか理解できずに困っているというのだ。市場でのその企業の地位を維持する必要もあるだけに、あえてリスクを取っても必ずしも報われるわけではない。変化や未来について考察するための予算はそれなりにあっても、その重要性から言えば、決して十分な予算とは言えない。一緒に仕事をした企業の中には、未来へと一歩を踏み出したほうがよさそうな企業もあった。未来に踏み出すことは何も悪いことではないのだが、私の経験上、日常生活がどれほど変えられるのか、どれほど変えたいのかと問うと、多くの人々は控えめに考える傾向がある。

例えば、中国・武漢の水産市場からのウイルス発生が原因で世界全体がロックダウン状態になるというストーリーをコロナ禍の前に聞いていたら、私は馬鹿げた話と受け止め、あきれてものも言えなかっただろう。グローバルな企業の経営について、自宅の書斎や寝室から指示するなどという話を耳にしたら、くだらないと切り捨てていただろう。だが、どれも現実のものとなった。また、ポケットに長方形の小さなガラスの物体を忍ばせ、そこからあらゆる情報にアクセスでき、世界中の誰とでも話ができるようになると聞かされても、20年前ならにわかには信じられなかったはずだ。私が子供のころは、環境保護運動に結集するのは、原子力エネルギー反対がテーマだった。だが、１９８９年当時、こうした環境保護運動に関わる人々を前にして、「30年後、人為的な気候変動や独裁国家が牛耳る化石燃料に対処するうえで、原子力が有益で合理的な答えになる」などと主張しても、彼らは絶対に信じなかっただろう。

わずか数年前には到底理解できないような変化、それも根本的な変化がいつ起こっても不思議ではないのだ。人間がどういうものかという最も深淵で基本的な考え方でさえ、変化している。ちょっと前まで、人間とは神の子を意味していたし、いまだに多くの人がそう思っている。私たちを中心に世界が創造され、神に応えたのが私たちということだった。ところが、人間とは何かといった基本的なことでも、考え方は大きく様変わりしている。人間は動物であり、人間と自然の境界は曖昧になっている。機械は、私たちを補助する道具だった。だが、この10年間で、機械は私たちの特性の多く（パターン認識や一部の創造性など）を肩代わりし始めている。人間と自然の境界もかつてないほどに曖昧になり、人間と機械の違いも曖昧になっている。科学史家のトーマス・クーンは、宇宙や自然、私たちの暮らす場に生じるこうした変化を「パラダイムシフト」と呼んだ。パラダイムが変わると、それまでのパラダイムはまるで遠い昔の遺物のように見える。

そう考えると、世界が絶えず深く意味のある形で変化していることは驚くにあたらない。だが、その起こり方には、ついつい驚かされてしまう。エルネスト・ラクラウが言うように、「変化は、盗人が夜来るようにひっそりと発生する」。世界の経験の仕方に大きな混乱が発生すると、そのわずか2分後には、新しい状況が当たり前であるかのように扱われる。スマートフォンの第1号が登場した日のうちに、従来の折りたたみ式携帯電話は遠い昔に存在した見慣れぬ遺物のようになった。フェイスタイムやグーグルマップが登場する前の暮らしがどうだったのか想像もできない。知人と何かを調整したり、どこかに出かけたりするときに、以前はどうやっていたのだろうか。人間は変化に即座に適応するが、その長期的な影響は理解していないことが多い。ＲｅＤでは、プロジェクトの中で特に深淵で哲学的な問題に変化が見られても、根本的に寛大な姿勢を維持してきた。未来は、誰にとっても理屈で予想できるようなものではない。だが、日常の現実の中で観察できるのだ。ただし、誰にとっても一番難しいのは、そこに本当にあるものを見ることなのである。

# ハヤブサがすべて教えてくれる

## 世界最高水準の観察者の多くの慣習を変えた本

数年前の陰鬱な2月のある日、ReDのオフィスでは、難しいプロジェクトに行き詰まっていた。窓ガラスをみぞれが滑り落ちる。ハトまで陰鬱そうに見えた。プロジェクトチームのメンバーは、誰も次の一手が思い浮かばない。作業テーブルを囲む面々を重苦しい沈黙が包み込む。窓の外に視線を向ける者、無意味にノートに何かを書き続ける者もいる。その瞬間だった。リサーチャーの一人、ジョナサンが会議室に飛び込んできて、薄いペーパーバック1冊をテーブルの上に置いた。

「プロジェクトの締め切り間近だが、ちょっと息抜きにこれを読んでほしい」と言う。

彼が持ってきた本は、表紙にハヤブサのイラストがあり、タイトルは、文字どおり『The Peregrine』(ハヤブサ)だ。初版は1967年。50年以上も前の本だ。しかも1960年代には、誰も聞いたことのないような本だった。本当に大丈夫なのかという気分になる。

「みんなは信じないかもしれないが、観察の進め方でこれ以上にいい手引き書はないと思う」とジョナサン。

私自身は、彼の勧めを真剣に受け止めた。参加者のインタビューやフィールドワークのノート以外にも目を向けるべきだと思っていたので、これ幸いと、その本をメンバー全員分取り寄せることにした。観察データのことはしばし忘れて、テーブルに置かれた奇妙な本について考えることにした。

しばらくしてＲｅＤのプロジェクトに戻ると、『The Peregrine』を読んだメンバーは一人残らず別人となっていた。今も観察の最も重要な手引き書として、同書を挙げるメンバーは多い。私も大いに触発を受けた。人間の観察力をテーマにした大学の講座でも、この本は頼みの綱となっている。古臭い表紙を見て学生は一様に驚くのだが、学期が終わるころには一番重要な文献だったと口をそろえる。友人や家族にプレゼントする者もいる。大学近くの有名書店も『The Peregrine』の在庫を切らしたことがない。達人の観察とはどういうもので、どういうふうに機能するのかを説明していて、最良の書だと思う。すぐに入手して熟読し、身につけてほしい。

英国の風変わりなバードウォッチャーに関する薄っぺらな本が私の慣行を変え、世界最高水準の観察者の多くの慣行をも変えたのである。とにかく最初から説明しよう。

この『The Peregrine』の著者であるJ・A・ベイカーは、謎に包まれた人物だ。英国エセックス地方の平地や湿地で10年にわたってハヤブサを追い続けてきたこの英国人の素性については、２０１７年に伝記が刊行されるまでベールに包まれていた。彼は、イーストアングリア沿岸の荒涼たる景色が広がる河口で、10年もハヤブサを追い続けては丹念に記録をつけていたという。この直接観察が『The Peregrine』に記された詩的な文章の土台になっている。同書は、毎年一冬をかけて渡り鳥のハヤブサを追いかけた名もなき語り手を描いている。あるオスのハヤブサを観察しているうちに、このハヤブサと語り手の間にある関係が育まれたという。同書は、この語り手によるオスのハヤブサの観察はもちろんのこと、ハヤブサ観察への執念に自ら翻弄される中で自分の中に芽生えた変化を追っている。

この本が刊行されたのは１９６７年。自然関連書の世界では、この奇妙な内容に多くの人々が驚かされた。従来の自然関連の書籍とはまるで違っていて、観察者と対象物の間に生まれた共生の考え方が顕著だったのだ。ベイカーとハヤブサが互いに関心を寄せ合う状況（中には一種の愛情と表現する人もいるだろう）の中、彼は自らの存在自体がハヤブサという鳥の生命や身体に取り込まれてしまいたいという欲望に駆られるようになる。ベイカーは「科学だけでは十分ではない」[71]として、「感情と情緒によって常に支配される」という独特な考え方を披露する。

いったい、ベイカーはどういう人物だったのか。『The Peregrine』が出版されると大きな評価を得て、1967年のダフクーパー賞を受賞し、『Yorkshire Post』紙の年間最優秀書籍に選ばれた。その結果、編集者や記者、ファンの注目を浴び、「ハヤブサのように考える男」ともてはやされた。『サンデータイムズ』は、彼について次のようにもったいぶった書き方で読者の好奇心を煽った。

ジョン・ベイカーは40歳。エセックスの公営住宅に暮らす。彼はどの町に住んでいるのか秘密にしている。近所にも、何をしているのか明かしたことがない。電話もテレビも持っていない。人との交流を好まず、最後に遊びに出かけたのは、12年前。西部劇『シェーン』を見に行ったときだった。[72]

等身大のジョン・ベイカーは、もう1冊『The Hill of Summer』という本を書いているのだが、あまりに風変わりな『The Peregrine』と比較されることが苦痛だったようだ。[73]その後も妻のドリーンと公営住宅で静かに暮らし、1987年にがんでこの世を去った。彼の傑作は絶版となり、新世代の作家や自然愛好家、映画監督、環境保護運動家らが発掘するまでほとんど忘れ去られていた。こうした人々が知っているかどうかは別として、今や『The Peregrine』は、世界に名だたる多くの有力企業の戦略的展望にヒントを与える存在となっている。ハイパーリフレクションについて知っておくべきことは、すべてこの本に書かれているからだ。

## 教訓1：本当にそこにあるものを見よ

ベイカーの最初の教えは、『The Peregrine』の冒頭に書かれている。「万人にとって見ることが最も難しいのは、実際にそこにあるものである」[74]として、次のように語る。

一般的に、図鑑などの鳥に関する本であれば、ハヤブサの写真が載っているものだし、情報も豊富なはずだ。おそらくは写真には、白い輝きを放ち、孤独に佇む大きなハヤブサが写っていて、読者を睨み返しているだろう。堂々と威厳を持ち、美しい色の羽をまとって。だが、ひとたび本を閉じれば、ハヤブサに会うことは二度とない。[75]

ベイカーにとって、ハヤブサの見方を身につけることは、こうした図鑑のような「クローズアップで写っている静止画像」とはまったく関係ない。ベイカーはそこにあるものを見ようとした。博物館のガラスケースの中に収められた自然や双眼鏡の向こうに見える自然を観察することには関心がないからだ。彼が見ようとしたハヤブサは、頭に描いた空想の産物ではない。生き物である。彼は言う。

「生きているハヤブサはそんなに大きくないし、キラキラと輝いてもいない。風景の奥深くに存在し、はるか遠くに消えていき、いつ見失っても不思議ではない。図鑑の写真はいわば蝋人形であり、生きている鳥が悠々と飛び回ることもない」[76]

つまり、図鑑などにあるハヤブサは、こちらの期待に沿った状態にほかならない。結局、それは何も見ていないのと同じだ。生きている鳥だろうと他の現象だろうと、現実というものは、整然とした枠組みで現れるわけでも、きれいに整理された思考体系の中に現れるわけでもない。生命そのものという、観察する価値のあるものが教えてくれるのは、なかなか感知できないものであり、草むらのわずかな揺れであったり、遠くにかすかに聞こえる音であったりする。ありのままの生き物を敏感に捉えるためには、根気強さと不屈の精神を十分に養っておかないと、何も見えない。

## 教訓2：観察は執念で決まる

現象を観察しようと決めたら、それに取り憑かれなければならない。そうでなければ、観察の価値はあまりない。ここで言う「取り憑かれる」という状態は、現象をあらゆるかたちで見たいという思いに駆られることを意味する。そうなって初めて、対象物がどのように物陰に身を隠し、どのような新事実が現れるのかといった全貌を発見できるのである。

ベイカーは、この抑えきれない衝動を見事に描いている。彼は、ハヤブサの「あふれ出る輝き」や「炎のような魂」を10年かけて探し求めていた。

10年間、私は、大空を飛び交い、雲に突き刺さるような錨《いかり》形の姿を探して、空を見上げてきた。ハヤブサを一目見たいと貪欲だった。やがて自分の目がハヤブサの姿を激しい勢いで鋭く捉える。ハヤブサの目が激しく動き、カモメやハトなどのはっきりと目立つ餌食を捉えると大きくなる。[77]

いったいあなたは何を見つけようとしているのか。あなたが理解しようとしている人間の行動とは何か。「目がハヤブサを一目見たいと貪欲になる」という状況にならない限り、ハヤブサを見逃してしまう。ハヤブサはさまざまな形で自らの姿を偽る。あなた自身がハヤブサに取り憑かれていなければならない。先入観や的はずれの思い込みにとらわれていると、よもやそうでない形で現れるとは思いもよらないだろう。目は、自分が選んだ観察対象を「激しい勢い」で「素早く捉える」ことに燃えていなければならない。そこまでしなければ、対象物が現れても、ありとあらゆる形で現れるため、その姿を認識できないのだ。

目が現象を見たいと貪欲な状態にしておくのだ。すると、突然、どこにいてもハヤブサが目に入るようになる。例えば、雲に食い込むような錨形を見せることもある。はっきりそれとわかる状態で隠れていて、実際にそこにいるのだ。

## 教訓3：良い観察内容には常に観察者も含まれている

ベイカーは、自らの観察プロジェクトにまっすぐに関わっている。自分を枠の外に取り残すようなことはしない。観察を生み出すのは自身の注意力である。だからこそ、ハヤブサに関する知識も大事だが、それと同じように、自分がなぜ、どのように注意を払っているのか理解しておかなければならないのだ。

日誌を見返すと、ある年の冬は統一性を維持するため、ハヤブサ、観察者、そして両者が存在する土地を一つに束ねようとしていた。私が記述することはすべて観察中に起こっていることであるが、対象物だけを観察するだけで十分とは思っていない。観察者の感情や行動もまた事実であり、それも正しく記録しなければならない。[78]

ゲシュタルト理論家が説くように、ベイカーは、ハヤブサの生息地という背景の観察なしに、ハヤブサという前景だけを観察してはいないのだ。彼自身も背景の一部なのである。ベイカー自身、全体を構成する部分なのだ。観察者は、観察という行為を通して、現象の中に存在するのであって、部外者のように傍観しているわけではない。

## 教訓4：観察は意見ではない

世界に飛び出し、観察するとは、意見を生み出す作業をしているわけではない。ただひたすら現象を正確に記述するのだ。意見を述べたり、一足飛びにイデオロギーを表明したりするのではなく、直接観察に専念するのである。見ることが難しいもの、つまり実際にそこにあるものを見るのであり、日常生活の慣行の背後に浮かび上がる謎を見るのだ。

ハヤブサの獲物についてベイカーが鋭く観察した記述がある。ベイカーは、思い入れたっぷりの擬人化による発想で意見を表明しようとするのではなく、シンプルですっきりとした記述の力を発揮している。

　仕留めた獲物の悲惨さを明らかにしておかねばならない。（中略）あらゆる鳥類は、生きていく過程のどこかで生身の肉を食べる。例えば、冷徹な目つきが特徴のツグミ。軽快に飛び回る肉食鳥で、虫も食べるし、カタツムリの死骸も食べる。そのきれいな鳴き声を美化すべきではないし、その命を支える餌食の存在を忘れてはいけない。[79]

観察を始める場合、常套句や受け売りの意見を余すことなく削ぎ落としておきたい。考えてはいけない。観察は、知的追求ではない。存在の具現化である。待機し、見つめ、記述するのだ。

「ハヤブサが足を伸ばし、ハマシギを捕獲して爪を立て、息の根を止める。まるで人間が虫を潰すのと同じように楽々とやってのける」[80]

優秀な観察者は、対象物の支持者でも擁護者でもPR担当者でもない。ただ真実だけを語るのだ。

## 教訓5：観察は体系的なウォッチングから始まる

大人になってからのベイカーは、自らのバードウォッチングを「体系的ウォッチング」と称している。長年にわたって潮の干満や河口を見続けてきたベイカーは、観察したハヤブサを丹念にフィールドノートに記録している。こうしたノートには、あらゆる事実や数値が書き込まれていて、後に『The Peregrine』としてまとめられる素材となった。10年分の冬に「ハヤブサの獲物619点」[81]を発見し、その種《しゅ》をリスト化している。このうち38％がヤマバト、14％がユリカモメだった。

こうした事実や数値のリストをはじめ、同書全体に、ベイカーが丹念に作り上げた観察体系が見て取れる。要するに、しっかり準備しているのだ。目に映るものに気づき、見つめ、記録するのである。鳥や動物を見分けるためにその名前を覚える。コウモリは、単なるコウモリではいけない。「アブラコウモリ」のように特定の種のコウモリを示さなければならない。カラスも単なるカラスではなく、コクマルガラスとかミヤマガラスと記す。鳥類学者や生態学者になるわけではなくても、重要な用語について深く理解していたのである。

文脈を明らかにするためだけに数量も明示する。[82] ハヤブサの眼球の重量（「片方でおよそ30グラム」）についての知識を身につければ、人間の眼球との関係性が生まれる。そのうえでベイカーは次のように語る。「私たちの目がハヤブサと同じ身体重量比だとすると、例えば体重76キロの人間は直径8センチ弱、重さ1・8キロの眼球を持つことになる」

この体系的な観察法により、文脈の他の部分が変化する中でもハヤブサを観察することができるようになった。ハヤブサと関わりのある他の鳥の動きを通じて、ハヤブサを見る術も身につけた。このようにすれば、見えないものも可視化される。ベイカーは言う。

「ハヤブサが視界から消えたら、空を見上げなければならない。ハヤブサを天敵とする鳥の動きに、ハヤブサの姿が反映される。空は陸地よりもはるかに大きい[83]」

彼の体系的なウォッチングの徹底ぶりのおかげで、自ら集めた経験的データから気づきの多い結論を導き出せるようになった。

「この表からは、ハヤブサの幼鳥が200グラムほどの大きさになれば、主にこうした種を捕食していることがわかる。どの種もハヤブサが獲物を探す縄張りに大量に生息する種だ[84]」

最終的に彼は、自分の目で観察したものだけに基づいて、「最もありふれた種を捕獲する捕食者にこそ、生き残る可能性が最も大きい」[85]という気づきを示す。一つの種のみを捕食する生物は、飢餓に陥り、病気に倒れる可能性が高い。仮説には頼っていない点にも注目されたい。彼は、小さな結論としての主張を足がかりに、もっと大きく抽象的な理論を構築しようとしているわけではない。そんなことをすると、自分自身の人間の目の範囲を超えてしまうからだ。観察者は、何かほかのことに手を出す前に、純粋な観察からできる限り多くのデータを収集する。

## 教訓6：場の雰囲気を見落とすな

ベイカーは、自分が関わる文脈を深く理解している。河口があり、荒野があり、湿地があり、よどんだ塩湿地がある。だから、ハヤブサ以外の他の生物の観察であっても、場の雰囲気を伝えることができる。彼は、自分自身とハヤブサの関係、ハヤブサと獲物の関係、他の生物とそれぞれの捕食者の関係に精通している。ベイカーの語りがハヤブサの視点と同化すればするほど、ハヤブサの生態系内に生息する他の生物がいると思われる空間に滑らかに入り込むことができる。

## 教訓7：ハヤブサのように生きる

優れた観察者は、雰囲気や対象の美と同化するだけでなく、一体性に対する感度も高めている。このことは、観察対象が善良か公正か貪欲かといったこととは関係がない。ここに意見の入り込む余地はないのと同様、人間の世界からそのまま持ち込まれた道徳性の議論も的外れだ。むしろ、ハヤブサが自身の理想に沿って全力で行動していることを認識することが重要だ。

ベイカーが気づいたように、ハヤブサは午前中のほとんどを狩りの準備のための瞑想状態で過ごす。[86] 腕利きハンターであるためには、意識を高めた状態に自身を置くことが第一歩とベイカーは説明する。

「ハヤブサは、水浴び後の不活発な状態から徐々に身体が目覚めてくる。最初の飛行は短くゆったりしている。ハヤブサは枝から枝へと移動し、他の鳥を眺めながら、時折、地上の虫やネズミを捕獲する」

午前中は、私たちの従来の世界の捉え方から言えば、生産的には見えない。実際には、もっと系統立った動きへと移行するためのリラックス状態にあり、いわゆる「ウォーミングアップ」中なのである。「ハヤブサは、（崖の上などにある）高巣を初めて後にしたときに身につけた餌の捕獲プロセス全体を確認するように再現する」。

ハヤブサの規則的な日々に注意を振り向けながら、語り手であるベイカーは自らの狩猟生活の教訓を身につけていく。優れたハンターは、狩りの標的の文脈に同化することにほとんどの時間を費やす。その際、ずいぶん創造的な行為が発生する。いたずらだ。ベイカーは、実際にハヤブサの行動の中に見出した。ハヤブサは、「ヤマウズラに攻撃を仕掛けるふりをしたり、コクマルガラスやタゲリに嫌がらせをしたり、カラスと小競り合いをしたりする」ことがある。こうしたいたずらが思いがけず度を過ぎると、偶発的に相手を殺してしまうこともある。

「その後、ハヤブサは自らの行為に困惑したような反応を見せ、死骸をそのまま残して飛び去り、後で本気で狩りをするときに再びこの殺害現場に戻ることもある」

ハヤブサは、空腹に駆り立てられて獲物を仕留めるのだが、現実には、こうした行動はハヤブサの一日のごく一部に過ぎない。ベイカーは、この生息状況を観察し、その生き方に驚くべき経済効率の良さを見出す。

「攻撃を仕掛ける際は、激しい急降下を1回だけ試みるのが一般的だ」

目の前で繰り広げられる獰猛なショーではあるが、ハヤブサの一日の中ではごく一瞬でしかない。たいていの場合、人間は飽きもせずに書類を書いたり、何かを考えたり、お金を使ったりで、休息の時間などない。ましてや、洞察のような素晴らしいひとときに身を委ねるひまなどあるはずもない。私たちの日常のペースや、日々の中に存在する意味は、ハヤブサのそれと比べると質が低い。ハヤブサのように生きてはいかがか。

## 教訓8：ハヤブサの目で知覚する

特にスキルの高い人類学者は、他者の幻影が日常的に見えるくらいにならなければ、観察は不十分であると主張する。深い知識と感情移入につながる秩序立ったウォッチングから、最終的には共生へと移行する。他者の幻影は自分の幻影だ。観察という行為に完全に没頭していれば、自分の変化を受け容れなければならない。

最良の観察は自分の変化につながるのだ。人間であれ動物であれ、他者を体感するということを理解するための変容なのである。ハヤブサの目を通すと、世界はどのように見えるのか。ハヤブサが朝、目を覚ますと、何が見えるのか。ハヤブサの行動を駆り立てるものは何か、そしてなぜか。

ベイカーは、ハヤブサが何をどのように見るのかを探り始める。[87] 彼のアプローチは、想像力の足がかりとして科学的で詳細なデータを利用する。

「ハヤブサは、目の網膜全体で遠く離れた標的の解像度を記録する。その感度は人間の網膜の2倍」とベイカーは説明する。

「感度は2倍」といった定量化された観察力は、調査や直接観察を足がかりに、直観的に想像力を駆使してハヤブサ自身の実際の経験を理解するきっかけとなる。

「つまり、ハヤブサは、頭を激しく細かく振りながら風景を絶え間なく見ていて、何らかの動きがあれば即座に反応する。そこに焦点を定めることで、ただちに大きく明快な視野に移行するのだ」

これは分析的感情移入で、高精度の観察に欠かせない要素となる。この結果、ベイカーは、ハヤブサに関する深い知識を基に、さらに多くの想像的空間を占めることが可能になる。時間の経過に伴って、彼はハヤブサの行動に注目するのではなく、自分自身がハヤブサの視点を持ち始める。そして、この視点について疑問を投げかけ始める。「あなたに変身したら、どんな感じなのだろう」。ベイカーの問いかけから、知覚の経験に対する細かな注意がうかがえる。人間が現れると、ハヤブサはどのような経験をするのか。ハヤブサは、自身からの距離によって対象物の見え方が変わっても、その本当の大きさを知覚できるのか。ハヤブサは、自分の翼が風に煽られていることに気づいているのか。ハヤブサは不安や恐怖、栄光をどのように経験するのか。取り憑かれたように観察し、他者の身体を通じて世界を経験しようとする者には、膨大な気づきがある。観察者が観察対象に変身したら、実際にどのような感じなのだろうか。

## 教訓9：観察に当たっては、「性格の徳」を忘れない

意味のある観察を成し遂げようと思うのであれば、観察対象の世界にふさわしい行動とは何なのかを考慮しなければならない。アリストテレスが『ニコマコス倫理学』第2巻で主張しているように、「性格の徳」（行動や習慣が生み出す徳）は、しかるべきタイミングで、しかるべき方法により、正しいことを実行するための指針になる。これは、自らの役割に対するベイカーの姿勢でもある。横柄にも自分のほうが上位のつもりになって、自身をハヤブサの文脈に当てはめるのではなく、ハヤブサの立場でハヤブサを認識し受け入れようとしてい

るのだ。彼は、何が適切な行動なのか慎重に考慮し、それに沿って自らの行動を調整する。[88]

「同じ服をまとい、同じように移動し、同じ順序で行動しなければならない」

そこには、予測不能なものにハヤブサが感じる恐怖に配慮した実用的なコツも含まれる。

「毎日同じ時刻に同じ場に出入りし、ハヤブサと同様、一定の習慣的行動を取ることで、自然界のハヤブサを落ち着かせる。（中略）そして自身の体重などの変化があっても、体の輪郭は変えてはいけない。ハヤブサは、はっきりと遠くまで目に入るものに対しては、まったく恐れを感じない」

ベイカーは、そう断言できるまでハヤブサを直接観察している。

これは、どのような観察者にもわかりやすい実践的なアドバイスだ。だが、ベイカーは、どのような性格がハヤブサの目にどのように映るのかという点について、非常に詩的なアプローチを取っている。ハヤブサに対してしかるべき方法で、しかるべきタイミングに、しかるべきことを行うとは、いったいどういう意味なのか。

「人間は、こそこそと奇妙な行動を取るべきではない。恐怖を分かち合うことは、誰にとっても最大の絆を生む」とベイカーは説明する。観察者として、何か意味のあるものを見たいと期待するのであれば、超越性が必要であり、それが絶対条件となる。

「ハンターならば、狩りの標的の身になってみなければならないのだ」

適切な行動とは、自分を生まれ変わらせることにほかならない。語り手は、観察する側と観察される側、つまりはハンターと狩猟対象の2つの視点を近づけるよう促す。ベイカーは、起こるべき転換を表す言葉として、主語に「私たち」を使うようになる。つまり、今、彼自身はハヤブサなのだ。そしてベイカーはついに「私たちは最近、広大な空間に暮らし、同じように我を忘れて、恐怖感に満ちた生活を送っている」[89]と語り出す。

観察対象の性格がすべて明らかになるのは、この知覚の転換の瞬間にある。他者が実際に生きた経験を完全に追体験するために、あなたは自ら進んで自分の想定や思考習慣をばっさりと捨て去ることができるだろうか。ハヤブサの世界で性格の徳をもって行動すると、「他者の手足のように、鮮烈な土地勘が育まれる」とともに、「方向に色彩や意味が生まれる」。これこそ、この場所や時間に対して唯一適切な行動なのである。

# 観察には時間がかかる

## 観察スキルと根気強さが求められる

本書では、知覚の基本要素を理解したうえで、観察を実践しようとここまでやってきた。白い紙の上にある白い点をどのように見ればいいのか。絵を見たいときにどこに立てばいいのか。通りやカフェの店内で、他の人々にぶつからないように歩くとき、私たちの身体は何をしているのか。こうした問いは、一見すると単純だが、知覚の仕組みを正確に理解するための土台となった。

こうした哲学をしっかりと基礎に据え、読者の皆さんにも直接観察を実行するために世界に飛び出してもらった。すでにお気づきかもしれないが、この手の観察は、いつでもどこでも起こりうる。それは職場でも、街角でも、お気に入りのバーでも、会議でも、隠れ家でも同じことだ。何よりも大切なのは、「そのもの自体」に注意を振り向け続けることだ。あなたが理解しようとしている人間の現象とは何か。人は何を根拠に行動しているのか。根気強く実践を重ねれば、新しい理解がほぼいつでも浮かび上がるようになる。

本書で紹介した観察スキルに加え、根気強さも養っていただきたい。「見る」という行為は、時間の過ごし方として最も生産的だ。だが、そのように感じられないこともある。行動のチェック表があるわけでもなく、メールに返信するわけでもなく、商談のために見込み客に訪問のアポを取るわけでもなく、新たな未来を戦略化するわけでもない。だが、あなたがこれから実践しようとしていることは、人間行動に対する飽くなき好奇心を持って世界を観察することだ。その観察によって、生産性などという本題から逸れたことよりも、はるかに大きな成果をもたらしてくれるはずだ。どのような活動も、取り組みの指針となる確かな気づきがなければ、何の意味も持たないからだ。

焦ってはいけない。いかなる価値のある観察過程も、時間がかかり、一つとして同じものはなく、時系列に沿って進むものでもない。5段階評価の計画もなければ、科学者のように実験するわけでもない。自分の独自性を認識したうえで、これを観察過程に持ち込み、疑ったり、流されたりすることに慣れる必要もある。フランツ・ボアズや、私の講義に参加したアビナッシュのように、一度は混乱に陥るものの、それを足がかりに、もっと効率的なモデルを探そうと立ち上がるかもしれない。ジリアン・テットのように、みんなに不人気で受け入れ難いと見られているものを発見するかもしれない。自分の不安を和らげたいがために、何らかの枠組みを探したり、安易な答えに頼ったり、群集心理に陥ったりしてはいけない。あなたには、「わからない」と堂々と言う自由、言い換えれば時間と空間がある。そのうえで、世の中を見回し、わかろうと努めるのだ。

## 一過性の流行の考えに飛びつかずに自立心を養う

わからないゆえに落ち着かない状態に対する報酬は、2つある。第1に、自分自身のために考えるようになることだ。他者の分析や意見を受け売りしたり、理解できない複雑な現象に対して一過性の流行りの考えに飛びついたりせず、自立心を養うことが大切である。いつでもどこにでも出かけていって、堂々と「わかりません」と言える能力を鍛え、本当の答えを見つけ出すスキルを身につけるべきだ。

こうした独立思考は、あらゆる気づきの源泉になる。もっとも、どのような問題でも、気づきが訪れるわけではないし、毎日、確実に気づきが得られるわけでもない。だが、ときとして幸運にも深い理解へと通じる瞬間が訪れる。私は、こういう経験を「悟りの瞬間」と呼んでいる。突然、すべてのデータが結集され、そこから全体的なストーリーが立ち上がる瞬間だ。私がよく引き合いに出すのが、人工林を歩く経験だ。最初は木が無秩序に生えているように見え、その風景に混乱を覚える。だが、突然、正しい角度に身を置くと、木々は一定のパターンや配列で植えられていることに気づく。木々の一本一本がきれいに整列し、調和のある景色が見えるようになり、心は落ち着きを取り戻す。森全体が混沌とした状態から秩序ある状態にがらりと変わり、目に入るものすべてが意味を持つようになる。

こうした気づきを経験すると、とりわけ長期間にわたって特定のテーマと格闘してきた後は、大きな安堵感に包まれる。現実にある真実は、現象に見られるパターンから浮かび上がる。そして最終的に安心感につながる。このような気づきの経験はわくわくするものであり、すべての努力が報われる。それ自体が目的になりうるのだ。

## 気づきにたどり着けば革新的なものや発明は必ず実現する

だが、実践にはもう一つの利点がある。これは一部の人にとっては、もっと大きな価値をもたらす。気づきは、価値のある発明や革新的なものに必要な足がかりとなる。ひとたび気づきを得るとわかるのだが、新たなアイデアや技術、解決策を見つけ出すことと、創造性とはほとんど関係がないのだ。むしろ、すべては気づきから始まり、その気づきによって何かが明らかになるのだから、その後は理路整然としたものになる。気づきにたどり着けば、革新的なものや発明は必ず実現できるし、そうなるのが必然と言ってもいい。

ところが、世の中には、この順序に逆行しようとする集団や企業、リーダーがいるのだ。革新のプロセスを起点にして、人間の行動に関する気づきにたどり着こうとしているのである。これではうまくいかない。これまで何度も観察に取り組んできたが、人間行動に関する深い気づきなしに、有意義なイノベーションに一つとして遭遇したことがない。創造性のトレーニングを謳う専門家を雇う必要はないし、大量の付箋を用意してブレーンストーミングに取り組む必要もない。はたまた、オピニオンリーダーとしての統率力を磨くチームビルディング活動に注力する必要もない。時間は貴重だ。意味のある人間世界から切り離して、アイデアや解決策をひねり出そうと時間を無駄にすべきではない。気づきを起点とせず、創造性を起点としたいかなるプロセスも、失敗に終わる運命にある。

J・A・ベイカーは、著書『The Peregrine』に含蓄のある言葉を残している。それは「ハヤブサのように生きよ」だ。ハヤブサはほとんどの時間を瞑想的な準備に費やし、来るべき短期決戦型の中身の濃い活動の瞬間に備えている。創造性をありがたがって根拠のない話を追い求めるのではなく、直接観察に時間を費やすべきだ。理解しようとする対象物の文脈に没入するのだ。「人工知能の目覚ましい進歩について知りたい」、「気候変動についてもっと思慮に富んだ意思決定を下したい」、「野菜中心の食事に移行したい」、「家族のことにもっと気を配りたい」……。動機はどうあれ、行動から始めるのではなく、すべてをありのままに受け入れる受動的態度で始めるのだ。話すのを控え、じっくり見るのである。注意を払い、じっと待ち、見守るのだ。そして自ら関心を深め、その関心で自身を導くのである。ベイカーのハヤブサ観察のように、実践を通じて自分が変わる可能性を秘めているが、そのためには自分が見ているものについて関心を持たなければならない。

ここでいう「関心」とは、それを愛するとか、称えるとか、道徳的な正しさを認めるといった意味ではない。ただそこに魅力を感じ、取り憑かれたようにこだわる価値を見出すということだ。もしかしたら、それが原因で失望するかもしれないし、ひょっとしたら虚しさを覚えるかもしれない（もっとも、失望は、あらゆる偉大な哲学の源泉でもある）。人間の現象として、あなたがいつまでも関心を持てるものであればいいのだ。そうなって初めて、対象物がさまざまな形状・形態になっても見ざるを得なくなり、対象物について自分に何ができるのかがわかるようになる。

その時点で、外に飛び出し、見回してみようと、皆さんに呼びかけるわけである。皆さんは、知っておくべきことがすでに身についている。後は、実際に見るだけだ。時間はかかるが、それだけの価値があったとすぐに気づくはずだ。スケジュールは埋めずに十分に時間を確保しておこう。社会的沈黙に耳を傾けよ。そして、その世界で一番重要なことが起こるのを待つ。それが気づきの瞬間である。
気づきを得ると、後はすべてが実現可能になる。いや、そうなるのが、必然なのだ。

# 謝辞

偉大なるサイモン・クリッチリーには、本書で取り上げたコースの立案を最初から最後まで支援していただいた。哲学的な面から太鼓判をもらい、コースの教材について現在の講義内容よりもはるかに踏み込んだ私自身の解釈を快諾してくださった。心よりお礼申し上げたい。「YNWA」（この協力体制は不滅だ！）。

私の講義に参加してくれた学生の皆さんの存在なしには、人間の観察という現象に見られるあらゆる機微に出会えなかったはずである。学生の多くは、たとえ不快な状況や危険極まりない状況に置かれても、自らの限界まで観察と学びに挑んでくれた。皆さんに感謝したい。楽しく、スリリングな日々だった。

テイラー・カーマン教授には、私がモーリス・メルロ＝ポンティの理解を深める際に助けていただいた。おかげで、濃密な文章が俄然おもしろく感じられるようになり、その哲学の会得につながる多くの例を提示していただいた。

ミケル・ラスムセン、フィリップ・ラウ、ジュン・リー、ミシェル・チャン、サンドラ・カリグリオ、ミケル・クレンケル、ミリー・アロラ、シャーロット・バンスガードを始めとするReDアソシエーツのパートナーの皆さんには、世界各地での数えきれないほどのプロジェクトを通じて観察のスキルを高める助言をいただいた。

マーファにあるジャッド財団のケイトリン・マレーには、ドナルド・ジャッドのライブラリーを含め、彼の世界全体を見る手助けをしていただいた。セス・キャメロンには、色の知覚について理解を深めるための助言をいただいた。ギル・アッシュには、クレー射撃・スキート射撃という極めて特殊な世界、彼が見せる革新的な技術について理解する手ほどきをしていただいた。知覚、神経科学の新たな知見、相対速度がいかに深く結びついているのか知ったときには、私の頭の中で大爆発が起こったことをよく覚えている。ジリアン・テットには、ブルデューの理論とジャーナリズムの世界のつながりを教えていただいた。

ジョナサン・ラウンズは、書籍『The Peregrine』など重要な資料を紹介していただいた。いずれも私は大きな影響を受けることになった。

アンドリュー・ザッカーマンは、私にとって常に執筆のお手本となる存在であり、その巧みな表現力に私はいつも影響を受けている。

アン・マリー・ヒーリーは、私の考えや文章を整理し、豊かにしてくれただけでなく、いつも私を笑顔にしてくれるユーモアの持ち主だ。

ジェイク・モリッセイ率いるリバーヘッドの皆さんには、本書制作プロジェクトを最初から支えていただき、実に根気よく編集の道しるべとなっていただいた。メルロ゠ポンティに関する書籍に最後まで全力でお付き合いいただき、感謝申し上げる。

ゾーイ・パナメンタは、私の出版プロジェクトすべてに関してエージェントを引き受けていただいている。書籍の世界を語らせたらゾーイの右に出る者はいない。

# 参考文献

## パート1　準備編

### 知覚の魔法

1. Sarah Bakewell, *At the Existential Café: Freedom, Being, and Apricot Cocktails* (New York: Other Press, 2017).

### 最初のルッキングラボ

2. Edwin B. Newman, "Max Wertheimer: 1880–1943," *American Journal of Psychology* 57, no. 3 (July 1944): 428–35.
3. David K. Robinson, "Reaction-Time Experiments in Wundt's Institute and Beyond," *in Wilhelm Wundt in History: The Making of a Scientific Psychology*, ed. Robert W. Rieber and David K. Robinson (Kluwer Academic/Plenum Publishers, 2001), 161–204.
4. Serge Nicolas and Ludovic Ferrand, "Wundt's Laboratory at Leipzig in 1891," *History of Psychology* 2, no. 3 (August 1999): 194–203.
5. Carl Stumpf, "Autobiography of Carl Stumpf," in *History of Psychology in Autobiography*, vol. 1, ed. Carl Murchison (Russell & Russell, 1930), 389–441.
6. Phonogramm-Archiv (Berlin) ("phonogram archive"): Carl Stumpf and Erich Moritz von Hornbostel, founders, 1900, soundandscience.de/location/phonogramm-archiv-berlin.
7. Michael Wertheimer, "Music, Thinking, Perceived Motion: The Emergence of Gestalt Theory," *History of Psychology* 17, no. 2 (2014): 131–33.
8. Christian von Ehrenfels, "On Gestalt Qualities," in *Foundations of Gestalt Theory*, ed. and trans. Barry Smith (Philosophia Verlag, 1988), 82–117.
9. Edwin G. Boring, *Sensation and Perception in the History of Experimental Psychology* (New York: D. Appleton-Century, 1942), 594.
10. The story I tell here is an imaginative exercise helping to give more of a narrative to comments Max Wertheimer shared with his colleagues. I want to give a special acknowledgment to Michael Wertheimer and D. Brett King for inspiring this retelling with their historical biography *Max Wertheimer and Gestalt Theory* (London: Routledge, Taylor and Francis Group, 2005).
11. Wolfgang Köhler, "Gestalt Psychology," in *The Selected Papers of Wolfgang Kohler*, ed. Mary Henle (New York: Liveright, 1971), 108–22.
12. D. Brett King and Michael Wertheimer, *Max Wertheimer and Gestalt Theory* (London: Routledge, Taylor and Francis Group, 2005), 100.
13. Kurt Koffka, "Perception: An Introduction to the *Gestalt-theorie*," first published in *Psychological Bulletin* 19 (1922): 531–85, psychclassics.yorku.ca/Koffka/Perception/perception.htm.

14. Will Hodgkinson, "Culture Quake: The Post Impressionist Exhibition, 1910," May 25, 2016, last modified January 17, 2023, bl.uk/20th-century-literature/articles/culture-quake-the-post-impressionist-exhibition-1910.
15. Ulrike Becks-Malorny, Cezanne (New York: Taschen, 1995), 28.
16. Becks-Malorny, Cezanne, 45.
17. *Impression* magazine, "Impressionists: From Scorn to Stardom," October 10, 2020, last modified January 17, 2023, impression-magazine.com/history-of-impressionism/.
18. Becks-Malorny, *Cezanne*, 28.
19. Becks-Malorny, *Cezanne*, 46.
20. Becks-Malorny, *Cezanne*, 48.
21. Becks-Malorny, *Cezanne*, 67–79.

**現代の 3 人の芸術家がつくるゲシュタルト**

22. Donald Judd, "Statement for the Chinati Foundation," 1987, quoted on Chinati website, last modified January 17, 2023, chinati.org/about/mission-history/.
23. Donald Judd, "Specific Objects," *Art Theory*, 1965, last modified January 17, 2023, theoria.art-zoo.com/specific-objects-donald-judd/.

## パート 2　実践編

**大発掘**

24. William Finnegan, Barbarian Days: A Surfing Life (New York: Penguin Books, 2015), 18.
25. Finnegan, Barbarian Days, 334.

## 論文や思考に学ぶ観察術

**見ることのイノベーション**

26. Douglas Anderson, "Lens on Leeuwenhoek," 2014, last modified January 17, 2023, lensonleeuwenhoek.net/content/about-web.
27. Richard Holmes, *The Age of Wonder: How the Romantic Generation Discovered the Beauty and Terror of Science* (New York: Vintage Books, 2008), 163–211.
28. Charles King, *Gods of the Upper Air: How a Circle of Renegade Anthropologists Reinvented Race, Sex, and Gender in the Twentieth Century* (New York: Anchor Books, 2020).
29. Franz Boas, "On Alternating Sounds," *American Anthropologist* 2, no. 1 (January 1889): 47–54.
30. Franz Boas, "The Limitations of the Comparative Method of Anthropology," *Science* 4, no. 102 (1896): 901–8.
31. King, *Gods of the Upper Air*, 118–19.
32. Charles Sanders Peirce, *Philosophical Writings of Peirce*, ed. Justus Buchler (Mineola, NY: Dover Publications, 2011), 304.

33. Peirce, *Philosophical Writings of Peirce*, 54.
34. Pauline Kent, "Japanese Perceptions of *The Chrysanthemum and the Sword*," Dialectical Anthropology 24, no. 2 (June 1999): 181–92.
35. Ruth Benedict, *The Chrysanthemum and the Sword: Patterns of Japanese Culture* (New York: Mariner Book, Houghton Mifflin, 2005), 10.

**聞く作法**

36. Pierre Bourdieu, *The Bachelors' Ball: The Crisis of Peasant Society in Béarn*, trans. Richard Nice (Chicago: University of Chicago Press, 2008).
37. Bourdieu, *Bachelors' Ball*, 4.
38. Bourdieu, *Bachelors' Ball*, 12–37.
39. Bourdieu, *Bachelors' Ball*, 4.
40. Bourdieu, *Bachelors' Ball*, 4.
41. Pierre Bourdieu, *Sketch for a Self-Analysis*, trans. Richard Nice (Chicago: University of Chicago Press, 2004), 61.
42. ジリアンと著者は2021年から2022年にかけてたびたび話す機会があり、彼女の言葉の数々をメモしている。また、以下に挙げる彼女の著書2冊も、私の観察の参考書になっている。
*The Silo Effect: The Peril of Expertise and the Promise of Breaking Down Barriers* (New York: Simon and Schuster, 2016)
*Anthro-Vision: A New Way to See in Business and Life* (New York: Avid Reader Press, 2021).
43. Pedro Nicolaci da Costa, "Bernanke: 2008 Meltdown Was Worse Than Great Depression," *The Wall Street Journal*, August 26, 2014, wsj.com/articles/BL-REB-27453.

**文化的な変化を探す**

44. Ernesto Laclau and Chantal Mouffe, *Hegemony and Socialist Strategy: Towards a Radical Democratic Politics*, 2nd ed. (London: Verso, 2014).
45. Laclau and Mouffe, *Hegemony and Socialist Strategy*, 91–133.
46. Charles Riley, "The Great Electric Car Race Is Just Beginning," CNN Business, August 2018, last modified on January 17, 2023, cnn.com/interactive/2019/08/business/electric-cars-audi-volkswagen-tesla/.
47. "America's Bestselling Vehicle Now Electric," Ford Media Center, April 26, 2022, last modified on January 17, 2023, media.ford.com/content/fordmedia/fna/us/en/news/2022/04/26/production-begins-f-150-lightning.html.
48. "June 2022 Sales," Ford Media Center, June 2022, last modified on January 17, 2023, media.ford.com/content/dam/fordmedia/North%20America/US/2022/07/05/salesjune2022ford.pdf.

**細部を観察する**

49. Robert A. Caro, *Working* (New York: Vintage Books, 2019), 143.

50. Caro, *Working*, 143.
51. Caro, *Working*, 145.
52. Caro, *Working*, 145.
53. Caro, *Working*, 146.
54. Robert A. Caro, The *Path to Power*, vol. 1 of *The Years of Lyndon Johnson* (New York: Vintage, 1990), 55.
55. Caro, *Working*, 147.
56. Caro, *Working*, 154.
57. Caro, *Working*, 155.
58. Caro, *Working*, 156.
59. Caro, *Working*, 156.
60. Caro, *Working*, 158.
61. Georges Perec, Things: *A Story of the Sixties* and *A Man Asleep*, trans. David Bellos and Andrew Leak (Boston: Verba Mundi, 2010), 21.
62. Georges Perec, "The Infra-Ordinary," in *Species of Spaces and Other Pieces*, ed. and trans. John Sturrock (New York: Penguin Classics, 2008), 5–6. Accessed on ubu.com, last modified on January 17, 2023, ubu.com/papers/perec_infraordinary.html#:~:text=What%20we%20need%20to%20question,ceased%20forever%20to%20astonish%20us.
63. Perec, "The Infra-Ordinary," 5–6.
64. Georges Perec, An Attempt *at Exhausting a Place in Paris*, trans. Mark Lowenthal (Cambridge, MA: Wakefield Press, 2010), 3.
65. Perec, *Attempt at Exhausting*, 3.
66. Perec, *Attempt at Exhausting*, 5.
67. Perec, *Attempt at Exhausting*, 7.
68. Perec, *Attempt at Exhausting*, 7.
69. Perec, *Attempt at Exhausting*, 29.
70. Perec, "The Infra-Ordinary," 5–6.

### ハヤブサがすべて教えてくれる

71. J. A. Baker, *The Peregrine* (New York: New York Review of Books Classics, 2005), 6.
72. Hilary A. White, "The Secret Life behind the Writer of England's Greatest Cult Book," *Irish Times*, January 6, 2018, last modified on January 19, 2023, irishtimes.com/culture/books/the-secret-life-behind-the-writer-of-england-s-greatest-cult-book-1.3333957.
73. Hetty Saunders, *My House of Sky: The Life and Work of J. A. Baker* (Dorset, UK: Little Toller Books, 2018), 122.
74. Baker, *The Peregrine*, 19.
75. Baker, *The Peregrine*, 19.
76. Baker, *The Peregrine*, 19.
77. Baker, *The Peregrine*, 12.

78. Baker, *The Peregrine*, 14.
79. Baker, *The Peregrine*, 14.
80. Baker, *The Peregrine*, 50.
81. Baker, *The Peregrine*, 29.
82. Baker, *The Peregrine*, 26–32.
83. Baker, *The Peregrine*, 73.
84. Baker, *The Peregrine*, 26–27.
85. Baker, *The Peregrine*, 27.
86. Baker, *The Peregrine*, 23–26.
87. Baker, *The Peregrine*, 35–36.
88. Baker, *The Peregrine*, 13–14.
89. Baker, *The Peregrine*, 95.

[著者]

**クリスチャン・マスビアウ** Christian Madsbjerg

コンサルティングファームReDアソシエーツの共同創業者。人間科学の実用分野で広く執筆、講演、教育活動を行う。ニューヨークタイムズ、アトランティック、フィナンシャルタイムズ、ワシントンポスト、ブルームバーグ、ビジネスウィークなどで活動を展開する。
現在、家族と共にニューヨークシティ在住。

[訳者]

**斎藤栄一郎**(さいとう・えいいちろう)

翻訳家・ライター。山梨県生まれ。早稲田大学社会科学部卒業。主な訳書に『PATRIOT プーチンを追い詰めた男　最後の手記』『地球上の中華料理店をめぐる冒険』『1日1つ、なしとげる!』『イーロン・マスク 未来を創る男』『SMARTCUTS』『ビッグデータの正体』(以上、講談社)、『小売の未来』『小売再生』『センスメイキング』『Tools and Weapons テクノロジーの暴走を止めるのは誰か』『イノセントマン ビリージョエル100時間インタヴューズ』(以上、プレジデント社)、『データ資本主義』(NTT出版)、『締め切りを作れ。それも早いほどいい。』(パンローリング)、『マスタースイッチ』(飛鳥新社)などがある。

# 心眼
## あなたは見ているようで見ていない

2025年1月30日　第一刷発行

著者　クリスチャン・マスビアウ
訳者　斎藤栄一郎
発行者　鈴木勝彦
発行所　株式会社プレジデント社
〒102-8641東京都千代田区平河町2-16-1
平河町森タワー13階
https://www.president.co.jp/　https://presidentstore.jp/
電話　編集 (03) 3237-3732
　　　販売 (03) 3237-3731

編集　渡邉 崇
販売　桂木栄一　高橋 徹　川井田美景　森田 巌　末吉秀樹
庄司俊昭　大井重儀
装丁　秦 浩司
制作　関 結香
印刷・製本　中央精版印刷株式会社


ISBN978-4-8334-2550-6　Printed in Japan
落丁・乱丁本はおとりかえいたします。